MW00396991

Conversaciones

con Propósito

para mujeres

La misión de Editorial Vida es proporcionar los recursos necesarios a fin de alcanzar a las personas para Jesucristo y ayudarlas a crecer en su fe.

© 2005 Editorial Vida
Miami, Florida

Publicado en inglés bajo el título:
Conversations on Purpose for Women
por The Zondervan Corporation
© 2005 por Katie Brazelton

Traducción: *Kerstin A. Lundquist*
Edición: *Madeline Díaz*
Adaptación de diseño interior: *Ruth Madrigal Chinchilla*
Diseño de cubierta: *Brand Navigation*
Adaptación de cubierta: *Grupo Nivel Uno, Inc.*

Reservados todos los derechos

ISBN: 0-8297-4508-4

Categoría: Vida cristiana / Mujeres

Impreso en Estados Unidos de América
Printed in the United States of America

05 06 07 08 09 ❖ 9 8 7 6 5 4 3 2 1

Conversaciones
con Propósito
para mujeres

KATIE BRAZELTON

Dedicados a la excelencia

A las mujeres líderes, a los maestros, y al personal de la iglesia Saddleback; a mis mentores, a mis compañeras de oración, a mis compañeras de responsabilidad mutua, a las mujeres que han sido un gran ejemplo para mí, y a mis mejores amigas; a mis clientes y protegidos de mi *LifePlan*; y a todas las mujeres que desean que Dios las use de manera poderosa.

Contenido

Cómo usar la serie *Camino hacia el propósito* 7

Prefacio de la serie por Kay Warren 9

Primera parte
EL PODER DE LAS CONVERSACIONES CON PROPÓSITO

Comprenda el poder del proceso 13

Segunda parte
CITAS CON PROPÓSITO

Conversación #1: Evalúen su disposición a buscar un mayor propósito. 23

Conversación #2: Concuerden sobre lo fundamental de sus propósitos 37

Conversación #3: Descubran lo que obstruye sus propósitos 49

Conversación #4: Disfruten de sus propósitos únicos 63

Conversación #5: Buenos pronósticos de futuros propósitos.......... 75

Conversación #6: Respuestas a preguntas difíciles..................... 87

Conversación #7: Una pausa para reír 93

Tercera parte
UN CUADRO MÁS AMPLIO

Conversación #8: Cómo aprovechar la perspectiva 97
Conversación #9: La entrega 107
Conversación #10: Siguiendo el camino de Dios hacia el propósito..... 115

APÉNDICES

Sugerencias para las Compañeras de Propósito......................... 129
Vida nueva en Cristo 133
Diario de oración y alabanza.. 135
Reconocimientos 139

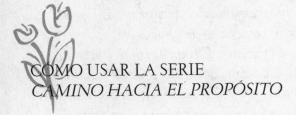

CÓMO USAR LA SERIE
CAMINO HACIA EL PROPÓSITO

Los tres libros *Camino hacia el propósito para mujeres* pueden utilizarse juntos para darle una mejor perspectiva a su jornada mientras descubre del propósito de Dios para su vida.

Camino hacia el propósito para mujeres, el principal libro de la serie, le muestra cómo relacionar su lista de cosas por hacer, sus pasiones, y los propósitos de Dios para su vida. ¿Cómo puede usted vivir en medio de —ver a través de— lo *ordinario*, cuando tiene un profundo deseo de tener su propio propósito *significativo*? Descubra cómo Dios la ha diseñado en forma única a usted y a sus experiencias en la vida para prepararla para su llamamiento específico. Si puede leer solo uno de los libros, este es el que debe leer.

- *Uso personal: Cada capítulo termina con una investigación bíblica y preguntas personales.*
- *Uso para grupos pequeños y retiros: Vea la **Guía de discusión en grupo** al final del libro.*

Conversaciones con propósito para mujeres está diseñado para la lectora de *Camino hacia el propósito para mujeres* que quiere profundizar más en su relación con Dios. Este libro de trabajo le anima a escoger una Compañera de Propósito y concertar diez citas juntas. Disfrute de motivadores de conversación, versículos bíblicos, preguntas y ejercicios específicos de evaluación personal que le ayudarán a descubrir el propósito único de Dios para su vida, llevándola desde vistazos iniciales hacia los pasos más desafiantes que quiera dar en su jornada.

    • *Uso personal con su Compañera de Propósito: Busque una pareja y disfrute del compañerismo y el crecimiento mientras indagan juntas el propósito específico de Dios.*
    • *Uso en grupos pequeños y retiros: Estudien el libro como un grupo pequeño, como una clase de mujeres de la Escuela Dominical, o en un retiro, formando grupos de tres o cuatro como máximo, completen los ejercicios y discutan el contenido con intervalos espaciados.*

Oración con propósito para mujeres es una experiencia de sesenta días que le guía al pedirle a Dios que le revele los propósitos de su vida. Usted descubrirá ejemplos tanto modernos como de personajes bíblicos, preguntas específicas para hacerse mientras busca la respuesta de Dios, y un análisis revelador de los patrones y propósito de su vida.

    • *Uso personal: Este libro se puede usar como un devocionario diario. No obstante, si lo utiliza como un devocionario al mismo tiempo que lee* **Camino hacia el propósito para mujeres***, tendrá una experiencia más profunda y sólida.*
    • *Uso en retiros: Ideal para un retiro en soledad. Las mujeres pueden estudiar el libro a su ritmo durante el fin de semana. En el último día juntas, pueden discutir sus hallazgos en parejas, sin tener en cuenta cuánto han avanzado en el libro.*

Disponible también:

Una vida con propósito

    Mi muy estimado pastor, el doctor Rick Warren, ha escrito un fenomenal éxito de ventas que hace un llamado a las personas a cumplir los cinco propósitos de Dios para su vida. Si todavía no ha leído este libro, se lo recomiendo de todo corazón. También quiero recomendarle que en su iglesia hagan la poderosa campaña de 40 Días con Propósito.

PREFACIO DE LA SERIE

Hace varios años, Katie me facilitó un *Plan de Vida* de dos días, y la experiencia fue muy significativa para mí: ¡un momento crucial!

Hasta entonces, me había sentido confundida y frustrada con respecto a mis metas y mis dones espirituales, e incierta sobre la contribución de mi vida para el reino de Dios. Mediante la guía firme pero dócil de Katie, puede ver mi vida con ojos nuevos y sentí un mayor aprecio por Dios. En hojas grandes de papel de prensa, que colgamos en su sala de estar, desandamos el camino que había tomado desde mi niñez, pudiendo ver con claridad que Dios me había estado dirigiendo en cada punto. Me sentí humillada y convencida de su amor por mí. Las cosas que conocía intelectualmente se mudaron de mi cabeza a mi corazón, y fui capaz de encontrar gozo y sentido en el dolor que había experimentado.

El Espíritu Santo usó a Katie para abrir mis ojos hacia actitudes, pecados y deseos equivocados a los que me había estado asiendo, y mediante un tiempo de oración de sanidad fui capaz de liberarlos. Después de pasar revista al pasado y establecer el presente, me ayudó a expresar los sueños dorados que tenía para mi futuro... sueños que había temido nombrar en alta voz. En la presencia calurosa, gentil, y animadora de Katie, pedí a Dios que me utilizara en maneras que nunca había esperado, que nunca había pensado que fueran posibles, y en las que ni siquiera me había atrevido a tener esperanzas. Nuestras lágrimas se mezclaron cuando ella afirmó el llamamiento de Dios en mi vida, tenía fe en que Dios había permitido el dolor para sus buenos propósitos, y expresó su confianza en mi habilidad de llevar a cabo las metas y los sueños inspirados por Dios durante nuestro tiempo juntas.

Años más tarde, muchas de esas lecciones siguen afectando mi vida diaria. Dios ha escuchado mi oferta para ser utilizada por él, y a pesar de que la tarea a veces parece mayor de lo que puedo manejar, retrocedo a esas horas decisivas y me siento reafirmada ante la idea de que él esta dirigiendo mis pasos y terminará la obra que ha comenzado.

Katie entrega este mismo calor, firmeza gentil, convicción profunda y pasión por Dios en sus libros. Quizá nunca tenga el privilegio de llamarla «amiga» como lo hago yo, pero a través de sus escritos, encontrará una muy querida compañera para su jornada espiritual.

Kay Warren
Noviembre 2004

Primera parte

El Poder *de las* conversaciones *con* propósito

*Señor hazme
conocer tus caminos;
muéstrame tus sendas.*
(Salmo 25:4)

COMPRENDA EL PODER DEL PROCESO

Tus ojos vieron mi cuerpo en gestación; todo estaba ya
escrito en tu libro; todos mis días se estaban diseñando,
aunque no existía uno solo de ellos.
(Salmo 139:16)

Todas las personas buscan propósito en su vida. Nuestra naturaleza humana nos incita a buscarle sentido y significado, a creer que la vida importa. Es por eso que mi pastor, Rick Warren, ha tocado tantos corazones alrededor del mundo con sus muy exitosos libros: *Una iglesia con propósito* y *Una vida con propósito*. En ellos explica los cinco propósitos de la iglesia y de nuestra vida, sobre la base del Gran Mandamiento (Mateo 22:37-40) y la Gran Comisión (Mateo 28:19–20): comunión, discipulado, ministerio, evangelismo y adoración.

He experimentado personalmente el descubrimiento, la esperanza, el enfoque y la libertad de vivir con *el propósito* que describe la Biblia. Y durante los años de enseñanza y servicio a las mujeres, repetidas veces he visto a muchas de ellas abrazar también los propósitos de su vida.

Pero quizás, como yo, usted se ha preguntado: «Una vez que descubra mis propósitos, ¿cómo me transformarán? ¿Cómo podrá ocurrir el cambio —el progreso— en mi vida? ¿Cómo podré avanzar de solo oír nueva información a en realidad pensar, percibir y comportarme de otra manera? ¿Cómo podré aplicar los principios de los propósitos de Dios en mi vida? ¿Cómo podré hacer la conexión entre *vivir en medio de* los detalles de mi vida y *cumplir* los propósitos de Dios para ella?

Este libro de estudio contestará estas preguntas. Está repleto de motivadores de conversaciones, versículos de las Escrituras, comentarios de modelos de conducta y ejercicios de evaluación personal, y es una herramienta para ayudarla a vivir la vida que Dios quiere que viva, pidiéndole que le revele *su* plan, haciéndolo a *su* manera y a *su* hora, porque *él* es Dios de todo. Si trata de exigir o inventar respuestas porque está cansada de no tener ninguna contestación, o si trata de adelantarse a Dios en sus planes, perderá lo mejor que él tiene para su vida. En cambio, deje pacientemente que su Espíritu Santo le dé las respuestas a través de la oración, las Escrituras, la reflexión y la conversación con otra mujer cristiana a medida que progresa en el libro.

UNA PERSPECTIVA: A DÓNDE NOS DIRIGIMOS

Después de explicar algunas cosas básicas en este capítulo, comienza en realidad lo bueno. La segunda parte la llevará a través de seis conversaciones cuidadosamente planeadas con una Compañera de Propósito (le diré más acerca de ella en un momento). Deberá llevar a cabo alrededor de cuarenta y cinco minutos de preparación en este libro de trabajo antes de cada conversación, para que use el tiempo que pase con su Compañera de Propósito en repasar las respuestas, no leyendo ni escribiendo mientras ella la observa reflexionar profundamente sobre su vida. Lo mejor que puedo aconsejarle sobre las conversaciones es que pase un tiempo ameno, que confíe en el proceso, y que confíe en el Espíritu Santo. La «conversación» final en esta sección es para hacer lo que yo llamo una pausa para reír: *ir a alguna parte con su Compañera de Propósito con el propósito definido de no pensar en propósito, sino disfrutar de la mutua compañía.* El relajamiento, la armonía y la amistad son elementos claves en su jornada.

La tercera parte le sorprenderá revelando la visión lógica de lo que pueden haber parecido ejercicios hechos al azar en la segunda parte. En tres conversaciones adicionales, usted analizará los datos que ha estado acumulando en su libro de trabajo, lo que le permitirá sacar algunas conclusiones acerca de los propósitos generales y definidos de Dios para su vida.

Cuando llegue al final del libro, lo más importante que puede hacer es orar por su completa entrega a la voluntad de Dios. Fuera de eso, sencillamente siga las instrucciones del libro, semana tras semana, sin intentar descubrir cómo cada paso contribuye a todo el proceso mientras va avanzando.

DESENCADENANDO EL PODER

Me gusta llamar a este capítulo de introducción el capítulo del *poder* por tres razones. Primero, explica el poder del bolígrafo al mover sus ideas hacia el papel. Segundo, trata el poder primario de Dios quien da una perspectiva acerca de sus planes para su vida. Tercero, habla del poder de dos mujeres que trabajan juntas a través de conversaciones guiadas por la oración.

El poder del bolígrafo

Al escribir sus respuestas a las preguntas del libro de trabajo durante su tiempo privado de preparación, usted notará más claridad conforme pasen las semanas. Sin este proceso de anotar las cosas, sus ideas probablemente quedarían confusas dentro de su cabeza. Espere que sus respuestas escritas la horroricen a veces y la llenen de alegría en otras ocasiones. Escriba lo primero que se le ocurra. No hay respuestas correctas o incorrectas, así que siga la corriente.

El poder de la perspectiva

Usted obtiene una nueva perspectiva cuando sube a la cumbre de una montaña para ver un paisaje que es imposible ver al nivel de la tierra. En forma similar, Dios puede usar este libro de trabajo como una estrategia para que vea su vida como un todo, permitiéndole darse cuenta de ciertos patrones y normas acerca de cómo usted se desempeña. Esta nueva perspectiva la animará a decidir en forma objetiva si está contenta con lo que ve, y si no lo está, a preguntarse qué piensa hacer al respecto.

Algo importante que debe hacer para obtener una perspectiva sobre el propósito de su vida es realizar un inventario de lo que tiene a su disposición. Las organizaciones exitosas hacen eso antes de tomar decisiones importantes, antes de lanzar una estrategia, o antes de invertir dinero, energía y recursos en cualquier programa propuesto.

De modo que en las conversaciones del 1 al 10 hará una descripción de quién es, de dónde ha estado, de lo que es importante para usted, y de los recursos que tiene disponibles para completar su parte en el cuadro más grande de Dios. La sorprenderá lo que va a aprender durante las sesiones.

- A cuánto dolor ha sobrevivido
- Lo talentosa que es
- Con cuanta frecuencia ha mantenido distante a Dios
- Cómo el temor le impide a actuar
- Cómo una prueba del significado de la vida la ha hecho desear más
- Cuánto le agradaría a Dios que tenga mayores sueños para su gloria

Comenzará a darse cuenta de si tiene hábitos peligrosos: quizás el dejar las cosas para más tarde, falta de honradez, el compararse con los demás, presunción, o el «síndrome del impostor» al temer que en cierto modo la pillen. Tales obstáculos pueden impedir que cumpla el gran plan de Dios para su vida. Pero una vez que reconozca esto como equipaje pesado e innecesario, puede pedirle al Señor que le ayude a desecharlos de su vida y así librarse del peso para el resto de su jornada.

El poder de la conversación

Siempre se desata un gran poder cuando dos mujeres cristianas se reúnen en oración para enfocar un solo concepto durante una reunión ininterrumpida de hora y media. Ahora, ¡multiplique eso por diez citas!

En este libro vamos a referirnos a esas dos mujeres cristianas —usted y su amiga— como Compañeras de Propósito.

¿Qué es una Compañera de Propósito? Una Compañera de Propósito es una mujer cristiana que está dispuesta a invertir en usted emocional y espiritualmente, porque anhela verla ser usada por Dios. Ella andará a su lado, la escuchará, la animará, y la ayudará a escuchar lo que Dios tiene que decir con respecto a sus propósitos para su vida.

¿Por qué necesita una Compañera de Propósito? Dios no quiere que seamos llaneros solitarios. El Señor quiere que nos apoyemos en él y en los demás para crecer. En 1 Corintios 3:6, Pablo escribe: «Yo sembré, Apolos regó, pero Dios ha dado el crecimiento». ¿Notó usted algo importante en este versículo? Dios causó el crecimiento, pero usó a los miembros del cuerpo de Cristo para sembrar, regar y nutrir ese crecimiento. Su Palabra también nos dice que hay gran fortaleza en dos personas que trabajan juntas.

Más valen dos que uno, porque obtienen más fruto de su esfuerzo.
Si caen, el uno levanta al otro. ¡Ay del que cae y no tiene
quien lo levante!
(Eclesiastés 4:9–10)

¿Qué debe buscar en una Compañera de Propósito? Las dos cualidades más importantes para una Compañera de Propósito son una fe personal en Jesucristo y una vida de amor. Como puede imaginar, cuanto más madura espiritual y emocionalmente sea ella, tanto mejor. Lo ideal es que sea una mujer de oración, íntegra, confidencial y vulnerable.

Su Compañera de Propósito necesita estar curada o estarse curando de cualquier crisis que puede haber tenido, y tiene que estar buscando la paz en su vida para que usted saque el máximo beneficio del tiempo que pasarán juntas. Si ella no está sobreponiéndose a sus problemas o si no está buscando la paz, la animo a que escoja otra Compañera de Propósito o a que posponga los ejercicios.

Hay tres posibles trampas sobre las que debe estar alerta en la búsqueda de su Compañera de Propósito. Primero, no es prudente que escoja a su mejor amiga, quien puede tener demasiada intimidad con usted como para tener una perspectiva clara y amplia. Usted puede necesitar una voz nueva en su vida, alguien que pueda ser mucho más objetiva.

La segunda trampa es tratar de buscar la mujer ideal que lo tiene todo bajo control. Le voy a ahorrar tiempo. ¡Esa mujer no existe; ella es un producto de la imaginación! En cambio, busque a alguien que ha luchado y que a través de las pruebas ha llegado a conocer la profundidad del amor de Dios. Escoja a alguien que puede admitir que su vida espiritual no es perfecta, pero que busca diariamente ser más como Cristo.

La tercera trampa es que una mujer casada de forma inconsciente puede decidir escoger a un hombre como Compañero de Propósito. Preste atención a lo que quiero decirle: debido a los profundos vínculos que suelen desarrollarse entre las dos personas «que conversan», he visto que es mejor que una mujer casada pida a otra mujer cristiana que la guíe a través de los ejercicios. (Y como mencioné en la primera trampa, los buenos amigos —y eso incluye al esposo— puede que no ofrezcan una nueva perspectiva.) Por supuesto, una mujer soltera podría pedir a un buen hombre soltero que la guíe a través de los ejercicios, suponiendo, por supuesto, que él tenga la buena voluntad de escuchar todos los detalles.

Una Compañera de Propósito no es un terapeuta, un pastor o un maestro. El Compañerismo de Propósito no es un sustituto de la terapia. No se trata de repararla. Se trata de alguien que la escuche y la anime.

¿Cómo se encuentra una Compañera de Propósito? Pida a Dios que traiga a su mente el nombre de una mujer cristiana que tenga la buena voluntad de acompañarla en esta aventura. Ore específicamente, y revise su lista de contactos. Luego espere que Dios responda a su pedido. La Biblia dice que pidamos el buen don del Espíritu Santo, quién puede impartir sabiduría por medio de sus amigas cristianas.

> *Pidan, y se les dará; busquen, y encontrarán; llamen, y se les abrirá. Porque todo el que pide, recibe; el que busca, encuentra; y al que llama, se le abre. ¿Quién de ustedes, si su hijo le pide pan, le da una piedra? ¿O si le pide un pescado, le da una serpiente? Pues si ustedes, aun siendo malos, saben dar cosas buenas a sus hijos, ¡cuánto más su Padre que está en el cielo dará cosas buenas a los que le pidan! Así que en todo traten ustedes a los demás tal y como quieren que ellos los traten a ustedes. De hecho, esto es la ley y los profetas.*
> (Mateo 7:7–11)

Una vez que haya encontrado una Compañera de Propósito, rellene la información de contacto que se le pide en la página **19** para que la tenga lista y a la mano.

¿Cómo funcionarán estas conversaciones? La manera de proceder se deja a su cuenta, porque hay dos formas en que usted y su Compañera de Propósito pueden trabajar. Pueden escoger un modelo de mentora-protectora para enfocarse únicamente en el propósito de la vida de usted, o ambas pueden hacer los ejercicios en una relación de mutua preparación. De cualquier forma, cada una va a necesitar su propio libro de trabajo para repasar o completar los ejercicios en preparación para su tiempo juntas. Para cualquier modelo que escoja, el apéndice en las páginas **129-131** es un recurso útil. Decidan dónde se van a reunir, con qué frecuencia, y por cuánto tiempo. Puesto que hay diez conversaciones de aproximadamente una hora y media de duración cada una, puede parecer lógico que se reúnan una vez por semana durante diez semanas, pero ese horario lo deciden usted y su Compañera de Propósito.

¿Qué seguimiento se espera? Ninguno en absoluto. Ninguno es requerido. Todas las conversaciones de seguimiento serán una ventaja adicional. De modo que reclute una compañera, prepárese para la primera conversación como se describe en la sección «Para terminar», ¡y disfruten juntas del proceso! Y que Dios les estimule gentilmente en su camino hacia el propósito.

Información importante sobre mi Compañera de Propósito

Nombre: _____

Dirección: _____

Número de teléfono de su casa: _____

Número de teléfono celular: _____

Correo electrónico: _____

Fecha de cumpleaños: _____

Nuestra cita semanal

Día de la semana: _____

Hora: _____

Lugar: _____

La fecha inicial: _____

Para terminar

CIERRE SU LECTURA DE HOY EN CONVERSACIÓN CON DIOS:

> *Amado Dios, gracias por guiarme a este método de cooperación contigo para aprender más acerca de tus propósitos para mi vida. Aprecio el poder del proceso de conversación que estoy a punto de llevar a cabo. Creo que el escribir mis respuestas, el desafiar mi perspectiva actual, y el escuchar a tu Espíritu Santo hablar a través de las Escrituras y de una Compañera de Propósito me será de gran ayuda. Gracias porque no tendré que hacer este ejercicio a solas, sino que escogerás la Compañera de Propósito ideal para mí. Esclaréceme a quién debo de invitar a pasar conmigo esta aventura. En el nombre de Jesús te lo pido. Amén.*

ANTES DE SU PRIMERA CONVERSACIÓN:

- Su preparación anticipada cada semana le permitirá avanzar más rápidamente a través del material y dedicar el tiempo con su Compañera de Propósito a la conversación. Antes de su primera reunión, tenga la bondad de leer el capítulo y completar los ejercicios en la Conversación #1.
- Ore diligentemente que la primera conversación con su Compañera de Propósito sea significativa. Dedique tiempo durante la semana a alabar a Dios por lo que él es y por todo lo que hasta ahora ha hecho por usted. Agradézcale de antemano por los milagros que va a llevar a cabo en su vida, mientras pide que sus propósitos diarios y a largo plazo le sean revelados.

Segunda parte

Citas con propósito

El hierro se afila con el hierro, y
el hombre en el trato con el hombre.
(Proverbios 27:17)

COMPROMISO COMO COMPAÑERAS DE PROPÓSITO

_____ y _____
(Nombre de usted)   (Nombre de su Compañera de Propósito)

nos comprometemos mutuamente a llevar a cabo lo siguiente:

- Fundamentar en las Escrituras todas las decisiones llevadas a cabo durante nuestro tiempo juntas.
- Invitar al Espíritu Santo a llenarnos de su verdad durante esta relación de diez semanas.
- Orar diariamente la una por la otra.
- Estar preparadas para cada conversación.
- Dar prioridad en el horario a nuestras conversaciones de Compañeras de Propósito, y ser puntuales en asistir a todas las sesiones y en terminar a tiempo.
- Hablar con franqueza y honestidad.
- Atesorar la confianza.
- Amarnos incondicionalmente, como Cristo nos ha amado.
- Ser responsables la una con la otra durante diez semanas.

Su firma _____ Fecha _____

Firma de la Compañera de Propósito

_____ Fecha _____

Conversación #1

EVALÚEN SU DISPOSICIÓN A BUSCAR UN MAYOR PROPÓSITO

Inicien su tiempo juntas en conversación con Dios: *Amado Dios, pedimos hoy tu sabiduría, tu dirección y tu perspicacia con relación a nuestro compromiso como Compañeras de Propósito y a la evaluación personal con respecto al propósito, así como también a los ejercicios sobre nuestras características y relaciones. Sabemos que tú eres el único que nos puede dar las respuestas que estamos buscando, y confiamos en que nos dirás cualquier cosa que quieras que sepamos en este momento. Pedimos esto en el nombre de Jesús. Amen.*

Tiempo ameno: Cuente algo interesante acerca de su familia o algo que pocos conocen con respecto a usted.

PRIMER TEMA DEL DÍA: COMPROMISO COMO COMPAÑERAS DE PROPÓSITO

Repasen y firmen el Compromiso como Compañeras de Propósito en la página 22.

SEGUNDO TEMA DEL DÍA: EVALUACIÓN PERSONAL CON RESPECTO AL PROPÓSITO

Al comenzar en serio esta jornada de diez semanas, lea el compromiso que sigue. Estas son descripciones de cuatro prototipos de mujeres; cada una representa una percepción común de cómo se sienten muchas mujeres con respecto al propósito de su vida. Estas categorías no son absolutas, más bien se trata de lo que es típico. ¿Qué mujer la describe mejor en esta etapa de su vida? Marque el cuadrado y describa brevemente el porqué. Siéntase libre de agregar a la lista una nueva categoría que describa mejor cómo se siente usted.

EVALUACIÓN PERSONAL CON RESPECTO AL PROPÓSITO

- **La mujer confundida** dice: «*Estoy confundida con respecto a lo que Dios quiere que haga con el resto de mi vida. Estoy como atontada. Sencillamente no lo entiendo*». Esta falta de propósito puede ser causa de que la mujer busque actividades al azar para intentar contrarrestar el aburrimiento y su sentimiento a veces de vacío al no tener nada emocionante que ocupe su vida. Esta mujer tiene dificultades para comprender que nuestro sabio Dios le ha asignado sus tareas actuales (incluso su crecimiento espiritual). En este momento son mucho más importantes que cualquier gran misión en el futuro. Esta mujer a veces está a punto de perder las esperanzas porque no comprende cómo la rutina diaria es importante en el plan más amplio de cumplir su propósito.

¿Por qué piensa que esto la describe mejor a usted?

_____

_____

- **La mujer culpable** dice: «*Comprendo lo que debo hacer porque he oído el llamado de Dios. No hay dudas en mi mente sobre mi asignación, pero tengo grandes dificultades para enfocarme, organizarme, y no temerle*». Esta mujer está intentado cumplir sus propósitos, pero se desvía por los asuntos de la vida y el temor. Ella necesita mentores, modelos de conducta, y compañeras de mutua responsabilidad que la animen. Puede sentirse cargada de culpabilidad por su falta de acción.

¿Por qué piensa que esto la describe mejor a usted? _____

_____

o **La mujer presionada** dice: «*Ya estoy haciendo lo que fui llamada a hacer;*

pero (y este es un gran pero) el resto de mi mundo está desequilibrado y desorde-nado. Realmente, casi no tengo tiempo de respirar. Esta no es una buena forma de vida». Esta mujer tiene una visión clara sobre los propósitos de su vida, pero tiene un hueco grande en su vida personal o familiar, o en ambas, que le puede estar robando la gratitud e impidiéndole volar alto. El estrés, la falta de satisfacción, y las relaciones inestables la atormentan.

¿Por qué piensa que esto la describe mejor a usted? _____

_____

• **La mujer agradecida** dice: *«Gracias, Señor, porque en este momento las cosas parecen estar equilibradas y tu visión para mi vida parece mucho más clara que antes. Quiero vivir hoy en agradecimiento humilde por tu bondad y gracia hacia mí. Ayúdame a lidiar mañana con los dolores de cabeza de mañana».* Esta mujer cuenta las bendiciones en su presente estado de vida. Ella está al tanto de los pro-pósitos de su vida, sin haber deteriorado sus relaciones.

¿Por qué piensa que esto la describe mejor a usted?

_____

_____

(Sea creativa y escriba abajo su propia descripción.)

• **La mujer** _____ dice: _____

_____

_____

_____

¿Por qué piensa que esto la describe mejor a usted?

_____

_____

Ya sea que tenga idea o no de lo que será su contribución, si está confundida con respecto a un marco organizativo, si le falta equilibrio personal y familiar, si está disfrutando de algunos momentos de armonía, o si tiene otros sentimientos, puede ser que esté buscando alguna sugerencia sobre cómo alcanzar resultados más concretos.

Iniciadores de conversación sobre la evaluación personal con respecto al propósito:
- ¿Cuál de los cinco cuadrados marcó? ¿Por qué?
- ¿Se sorprendió, o tal vez se entristeció, por esta evaluación personal? Converse acerca de su reacción con su Compañera de Propósito.

TERCER TEMA DEL DÍA: RELACIONES

El tercer tema está dedicado a identificar a las personas que hayan tenido un impacto positivo en su vida. Sus relaciones más atesoradas con los adultos quizá incluyan a sus padres, sus hermanos, su novio, su esposo, sus hijos adultos, sus primos, sus compañeros de clase, su pastor, sus colegas, sus compañeras de deportes, o sus vecinos. Pueden ser sus mejores amigas, sus mentores, sus compañeras de responsabilidad mutua, sus modelos de conducta, o sus héroes. Prepárese para presumir acerca de ellas ante su Compañera de Propósito. Al pensar en lo preciosas que han sido estas personas para usted, recordará que Dios la diseñó para que disfrute de las relaciones que él ha provisto. No solamente son esenciales para su crecimiento espiritual, sino que son el bondadoso don de Dios para usted mientras él cumple sus propósitos para su vida.

Piense en lo que otras personas le han enseñado, en qué le han servido de modelo, o en lo que le han dado emocional o espiritualmente. Pregúntese: ¿Qué es lo que hace que ame tanto a esa persona? ¿Es su lealtad, su generosidad, su espontaneidad, su espiritualidad, su optimismo, su tolerancia o su coraje lo que aprecio? ¿Qué es lo que tiene esa persona que nos unió y que nos mantiene comprometidas a la una con la otra? ¿Me impresiona su sabiduría o su amor incondicional por mí? ¿Es su creatividad, su ingenio, su fidelidad o su tenacidad lo que me atrae? ¿Es esa persona dedicada a la oración? ¿Está dispuesta a aprender? ¿Es analítica, inteligente o humanitaria? ¿Escucha lo que se le dice, hace buenas preguntas o la apoya? ¿Es que se siente segura con esa persona y puede conversar con ella sobre cualquier cosa durante horas? ¿Le agrada más que nada la risa en sus conversaciones, en los proyectos, o en los paseos que hacen juntas?

Piense en quién ha tenido un profundo y saludable impacto en su vida. Anote cualquier nombre que le venga a la mente en cualquiera de las categorías nombradas abajo. Puede tener más de dos nombres en cualquier sección, pero no es necesario rellenar todos los espacios en blanco. Haga una anotación de cómo la vida de la persona ha impactado en la suya.

RELACIONES QUE USTED ATESORA

Mejor amiga: *Alguien que está a su lado bajo cualquier circunstancia y la ama incondicionalmente.* ¿La amistad de quién ha apreciado más que cualquier otra? ¿Con quién comparte bellos recuerdos? ¿Quién la comprende cuando nadie más lo hace? ¿Es su esposo o su novio, un compañero de ministerio o un vecino?

¿Quién?_____ ¿Por qué?_____
¿Quién?_____ ¿Por qué?_____

Mentor: *Un buen consejero o maestro en quien usted confía.* ¿Ha sido esa persona un jefe, un economista, un abuelo o alguien de la iglesia?

¿Quién?_____ ¿Por qué?_____
¿Quién?_____ ¿Por qué?_____

Compañera de responsabilidad mutua: *Una persona que es responsable de las metas, el desempeño, las finanzas, o el crecimiento espiritual de usted.* ¿En quién piensa primero? ¿Una amiga de toda la vida, un hermano o una hermana, o alguien en su grupo de estudio bíblico?

¿Quién?_____ ¿Por qué?_____
¿Quién?_____ ¿Por qué?_____

Modelo de conducta: *Alguien a quién usted admira.* ¿Viene a su mente su pastor? ¿O tal vez su madre o una profesora de estudios superiores?

¿Quién?_____ ¿Por qué?_____
¿Quién?_____ ¿Por qué?_____

Héroe moderno o histórico: *Una persona valiente; alguien que se arriesga.* ¿Qué me dice del finado actor Christopher Reeve? ¿Fue un Superman con más coraje después del accidente que lo dejó paralizado por más de nueve años? ¿Y qué de aquellos de quien ha leído en un libro de historia o de biografía? ¿Eleanor Roosevelt, Florence Nightingale, Winston Churchill u otros?

¿Quién?_____ ¿Por qué? _____

¿Quién?_____ ¿Por qué? _____

Iniciadores de conversación sobre las relaciones:

• ¿Qué nombres y razones anotó?

• ¿Qué recuerdos hicieron brotar esos nombres y anotaciones?

• En general, ¿qué se escucha decir usted y le oye decir su Compañera de Propósito acerca de sus relaciones? ¿Le parece que tiene muy pocas, demasiadas, la clase equivocada, o una gran mezcla de distintas clases de relaciones para llevarla hacia el cumplimiento de los propósitos de Dios para su vida? Como dice el libro de Eclesiastés, cordón de tres dobleces (relaciones fuertes) no se rompe pronto.

CONVERSACIÓN OPCIONAL
VALORANDO A SU MEJOR AMIGA

En todo tiempo ama el amigo;
para ayudar en la adversidad nació el hermano.
(Proverbios 17:17)

Kay Marshall Strom es oradora y autora de más de treinta libros con temas que incluyen familias mezcladas, el cuidado de los moribundos, las adopciones y el trato abusivo de las mujeres. Es defensora apasionada de los cristianos alrededor del mundo que son perseguidos por su fe, y viaja a muchos lugares para conocer personalmente a estos hombres y mujeres para así informar de su suerte a los cristianos en los Estados Unidos. Y Kay tiene la mejor de las amigas, ¡una que la apoya en las buenas y en las malas!

Juntas, Kay y su más querida amiga, Gerda, han compartido lo mejor y lo peor. Gerda estuvo con Kay durante la larga enfermedad mortal de su esposo. Con el tiempo, cuando Kay se casó con Dan, Gerda fue su dama de honor. Y luego de un grave accidente que tuvo Gerda, Kay expresó de mil maneras prácticas el amor que le tiene. «Los mejores amigos no siempre nos dicen lo que queremos oír —dice Kay—, pero nos llevan a la Palabra de Dios y nos dicen lo que se necesita decir. Por lo menos, eso es lo que Gerda hace por mí».

Vale la pena conversarlo: Elizabeth, la madre de Juan el Bautista, tenía a su mejor amiga en su prima, María, la madre de Jesús (Lucas 1:39–45). ¿Cuánto se alegraría usted al ver a una prima o a su mejor amiga venir a su hogar para una visita larga e imprevista?

CUARTO TEMA DEL DÍA: CARACTERÍSTICAS

Uno de los mejores regalos que puede obsequiarse a sí misma y a su Compañera de Propósito es recordarse una a la otra esta verdad: el buen carácter las puede *llevar a experimentar* lo mejor que Dios tiene para la vida de ustedes y los defectos de carácter pueden *impedir* que disfruten de todo lo bueno que ofrece la vida. Por supuesto, Dios puede utilizarle cualquiera que sea su carácter, pero lo más prudente es que coopere con él en este asunto.

Este tema enfatizará la importancia de tratar con sus pecados y problemas apenas se percate de ellos. Para este ejercicio, el título «Características» incluye las fortalezas de carácter y también las debilidades, buenos y malos hábitos, impulsos y tipos de personalidad. Marque cualquier característica que se aplique a usted y escriba su respuesta.

CARACTERÍSTICAS

Fortalezas de carácter
- ☐ Afectiva
- ☐ Amable
- ☐ Amistosa
- ☐ Auténtica
- ☐ Compasiva
- ☐ Confiable
- ☐ Constante
- ☐ Flexible
- ☐ Gozosa
- ☐ Graciosa
- ☐ Honrada
- ☐ Humilde
- ☐ Inspiradora
- ☐ Intuitiva
- ☐ Observadora
- ☐ Optimista
- ☐ Persistente
- ☐ Perspicaz
- ☐ Positiva
- ☐ Razonable
- ☐ Responsable
- ☐ Sabia
- ☐ Vulnerable

- ☐ Otro _____
- ☐ Otro _____
- ☐ Otro _____

Debilidades de carácter
- ☐ Agresiva
- ☐ Airada todo el tiempo
- ☐ Amargada
- ☐ Ambiciosa
- ☐ Celosa
- ☐ Controladora
- ☐ Dependiente
- ☐ Poco confiable
- ☐ Impaciente
- ☐ Injusta
- ☐ Intimidadora
- ☐ Intolerante
- ☐ Irresponsable
- ☐ Orgullosa
- ☐ Perfeccionista
- ☐ Poco amable
- ☐ Ruda
- ☐ Santurrona

- ☐ Otro: _____
- ☐ Otro: _____

Buenos hábitos

- ☐ Aceptar los errores
- ☐ Agradecer o animar a las personas
- ☐ Decir «lo siento»
- ☐ Establecer tradiciones
- ☐ Perdonar
- ☐ Puntualidad
- ☐ Servir en el anonimato
- ☐ Sonreír

- ☐ Otro: _____

- ☐ Otro: _____

Malos hábitos

- ☐ Constantes disculpas
- ☐ Criticarse severamente
- ☐ Hablar con lisonjas
- ☐ Hacerse la víctima y disfrutar la venganza
- ☐ Explosiones de ira para salirse con la suya
- ☐ Terminar las oraciones de las personas
- ☐ Problemas con la figura de autoridad masculina
- ☐ Disculpar a las personas

- ☐ Dejarse vencer por la tensión causada por el insomnio

- ☐ Otro: _____

- ☐ Otro: _____

¿Qué la motiva?

- ☐ Dinero
- ☐ El compromiso con una promesa
- ☐ Plazos
- ☐ Poder
- ☐ Propósito en la vida
- ☐ Reconocimiento
- ☐ Resultados
- ☐ Un desafío
- ☐ Vidas cambiadas

- ☐ Otro: _____

- ☐ Otro: _____

Tipo de personalidad:

- ☐ Extrovertida, que obtiene su energía de las personas
- ☐ Introvertida, que obtiene su energía de su tiempo a solas

Iniciadores de conversación sobre las características:
• ¿Qué características marcó o escribió, y por qué?

ENOJO: UNA CARACTERÍSTICA FRECUENTE EN LAS MUJERES

¿Qué la hace enojar? ¿Qué la saca de quicio? ¿Las promesas fallidas, la falta de respeto, el tiempo perdido o las decisiones injustas? ¿Qué le hace hervir la sangre? ¿El egoísmo, las malas excusas, las reuniones innecesarias o el trato cruel de los animales? ¿Qué hace sonar la alarma de enojo dentro de su cerebro? ¿Son los errores repetidos, la falta de preparación, la falta de control, el perder cosas, un cambio de planes, el subir de peso o la tardanza de la gente? ¿Cuándo se da cuenta de que pierde el control? ¿Es solamente cuando le mienten, la engañan o se siente manipulada?

Si alguna de estas cosas la sacan de quicio, sepa que pasa lo mismo con la mayoría de las mujeres. El enojo es parte normal de la vida, pero lo que decide hacer con su enojo puede ser útil o dañino para usted y los demás. Comprender hoy el porqué, con qué frecuencia, o con quién se enoja le puede dar una comprensión acerca de su carácter. A su vez, esto la ayudará a prepararse para misiones futuras difíciles, las que Dios necesita que usted enfrente sin enojo.

CONVERSACIÓN OPCIONAL
¿ENOJADA?

«Si se enojan no pequen.»
No dejen que el sol se ponga estando aún enojados.
(Efesios 4:26)

Julie Ann Barnhill es una autora y oradora que provoca a pensar y que utiliza el humor para que el público se «ajuste los cinturones». Sus charlas divertidísimas y sus confesiones auténticas la han convertido en una figura popular en los medios de comunicación y una famosa conferenciante. Julie cree en la maravillosa gracia de Dios que puede cubrir todos sus pecados, sus complejos, sus errores y sus frustraciones. Proclama públicamente las luchas que las mujeres a menudo temen expresar en voz alta y las deja saber esta verdad: *No estás sola. Nunca.*

Ella dice que por fin tuvo que admitir que era un «revoltijo de inmensas proporciones» en asuntos relacionados con la crianza diaria de los hijos y que solamente Dios podía cambiar su corazón enojado y su espíritu rebelde. Por fin escogió vivir la vida tal como es —una jornada de altos y bajos, de éxitos y fracasos—, todo para la gloria de Dios. «No importa lo que usted haya dicho al estar enojada —comenta ella—, lo que haya pensado al estar enojada, o lo que haya hecho al estar enojada, usted nunca ha caído fuera del alcance de la gracia de Dios y de la esperanza de un cambio duradero».

Vale la pena conversarlo: ¿Cómo un defecto de carácter, tal como el enojo, los celos, la ociosidad o el orgullo, ha sido un problema para usted?

Búsqueda conjunta en la Biblia para una mayor comprensión del enojo:

Lean Génesis 27:41, que trata acerca de un gran problema de enojo. Esaú odiaba tanto a su hermano Jacob (por la manipulación de Jacob para conseguir la bendición de su padre) que tenía intenciones de matarlo.

Algo de qué conversar: Exprese si alguna vez cualquier problema de carácter con el que haya luchado (tal vez prejuicios, impaciencia, ambición o perfeccionismo) se ha acrecentado hasta llegar a estar fuera de control.

Así que... ¿a qué conclusión ha llegado acerca de las características?

• ¿Le ha dado esta categoría amplia sobre las características alguna comprensión de lo que Dios específicamente le está pidiendo que descubra acerca de sí misma y de la forma en que lleva a cabo su vida? Converse con su Compañera de Propósito acerca de los segmentos de este ejercicio que la han animado o entristecido y por qué cree que reaccionó como lo hizo.

• Si Dios estuviera físicamente sentado en la habitación con usted, ¿qué característica diría él que está bendiciendo o interfiriendo con su habilidad de llevar la mejor vida posible?

Para terminar

DIARIO DE ORACIÓN:

Mientras que este libro de trabajo se centra en las conversaciones con su Compañera de Propósito, no tendrá gran poder sin conversaciones disciplinadas con el Dador de propósito, su Padre celestial, tanto a solas como juntas. Antes de terminar su cita hoy, dediquen unos minutos a compartir pedidos de oración y agradecimientos, usando el diario de oración que comienza en la página 136. Luego usen la oración de cierre que se provee aquí, agregando lo que deseen. Para sus oraciones diarias privadas con respecto a cualquier petición, siéntase en libertad de usar la oración en la página 135.

CIERREN SU TIEMPO JUNTAS EN CONVERSACIÓN CON DIOS:

Amado Dios, ayúdanos a honrar nuestro compromiso como Compañeras de Propósito. Sabemos que será únicamente mediante tu gracia que podremos colaborar como un gran equipo para comprender mejor tu voluntad. Gracias por tu comprensión de la evaluación personal con respecto al propósito, así como también por nuestra conversación de hoy sobre las características, estamos conscientes de que tú conoces muy bien las peores y las mejores.

Y, amado Señor, te pedimos que podamos gozar de una vida de relaciones saludables y amorosas. Bendice a las personas que has puesto en nuestra vida para ser mejores amigos, mentores, compañeras de responsabilidad mutua, modelos de conducta y héroes. No permitas que seamos llaneros solitarios. Tú nos has enseñado que los amigos se aman en las buenas y en las malas, y que las familias se apoyan en toda clase de problemas. Enseña a nuestros amigos a darnos el apoyo y el amor incondicional que necesitamos, para que nos animemos a hacer cualquier cosa que pidas de nosotras. Ayúdanos a ser buenas amigas también para los demás. Pedimos esto en el nombre de Jesús. Amén.

ANTES DE LA SIGUIENTE CONVERSACIÓN:

• Lea el capítulo y complete los ejercicios para la Conversación #2.

• Ore diligentemente por las peticiones de su Compañera de Propósito, así como también por las propias. Dedique un tiempo durante la semana para alabar a Dios por quien es él y por todo lo que ha hecho por ambas. Pídale específicamente que ilumine su siguiente conversación, la cual será acerca de algunos de los indicadores básicos de los propósitos de su vida actual y las herramientas útiles para cumplirlos.

Conversación #2

CONCUERDEN SOBRE LO FUNDAMENTAL DE SUS PROPÓSITOS

Inicien su tiempo juntas en conversación con Dios: *Amado Dios, hoy te pedimos que nos guíes en la esfera de nuestros roles, nuestros principios y creencias básicas, nuestros hábitos espirituales, y nuestras fortalezas. Sabemos que te importa profundamente el desarrollo saludable de estos asuntos en nuestra vida, de modo que te pedimos que nos des instrucciones específicas y los pasos siguientes. Pedimos esto en el nombre de Jesús. Amén.*

Tiempo ameno: Comparta un recuerdo de alguna vez en que se metió en líos por algo, ya sea de niña, de adolescente o de adulta.

PRIMER TEMA DEL DÍA: ROLES

¿Están los roles de su vida en equilibrio o fuera de control? ¿Cuál es el rol más desafiante que tiene en esta etapa de su vida? ¿Qué es lo que hace que le sea difícil levantarse de la cama cada mañana, sabiendo que tiene que enfrentarlo de nuevo? ¿Es madre de un adolescente rebelde, empleada de un jefe difícil de satisfacer, hija de un padre con Alzheimer, o una madre soltera con cuatro niños activos?

Parece que siempre hay algo que nos tiene fuera de equilibrio, tentándonos a escaparnos a una isla remota para unas vacaciones largas. ¿Acaban de darle un nuevo rol que desempeñar? ¿Consejera de economía de una pareja de recién casados, consoladora de alguien que acaba de ser despedido de su trabajo, luchadora por la justicia de alguna causa, profesora de niños disléxicos o directora espiritual de su mejor amiga? Permita que cada rol, por más difícil sea, la acerque a Dios, a medida que aprende

a confiar en el poder y la fidelidad del Señor para cumplir con los propósitos para su vida. Él estará a su lado para guiarla a cada paso del camino.
Marque cualquier rol que actualmente se aplique a su vida o escriba su
respuesta. (Un ejercicio interesante pudiera ser poner un asterisco junto
a los roles que ha tenido anteriormente, pero no se le preguntará más
acerca de ellos.)

Roles y más roles

- ☐ Abuela
- ☐ Ama de casa
- ☐ Amiga
- ☐ Chofer de niños
- ☐ Cocinera
- ☐ Compañera de cuarto
- ☐ Compañera de propósito
- ☐ Compañera de responsabilidad mutua
- ☐ Confidente
- ☐ Cuidadora
- ☐ Empleada
- ☐ Empresaria
- ☐ Entrenadora
- ☐ Esposa
- ☐ Esposa de pastor
- ☐ Estudiante
- ☐ Ex-esposa
- ☐ Gerente de finanzas
- ☐ Hermana
- ☐ Jefa
- ☐ Madre
- ☐ Madre soltera
- ☐ Mejor amiga
- ☐ Mentora
- ☐ Miembro de la iglesia
- ☐ Ministro laico
- ☐ Ministro licenciado
- ☐ Novia
- ☐ Profesional
- ☐ Pupila
- ☐ Suegra
- ☐ Tía
- ☐ Tutora
- ☐ Vecina
- ☐ Viajera
- ☐ Voluntaria en la comunidad

- ☐ Otro:_____
- ☐ Otro:_____
- ☐ Otro:_____

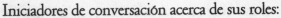

Iniciadores de conversación acerca de sus roles:

Hablen sobre la gran variedad de roles que tienen. ¿Cómo su lista trae un nuevo significado al término *cumplir múltiples tareas*?

¿Cuál es el mayor reto en el mantenimiento del equilibrio al cumplir sus muchos roles?

CONVERSACIÓN OPCIONAL
EQUILIBRANDO ALGUNOS ROLES Y ALEJÁNDOSE DE OTROS

Así que tengan cuidado de su manera de vivir. No vivan como necios sino como sabios.
(Efesios 5:15)

Carla Barnhill es una mujer casada, madre de tres hijos, que trabaja en casa como redactora de la revista *Christian Parenting Today* (una revista cristiana para padres) y autora de un libro cuyo título en español sería *El mito de la madre perfecta*. Ella dice que comenzó a escribir y hacer corrección de estilo por obra y gracia de Dios, pero disfruta del privilegio de poder aprovechar su fe cristiana en el trabajo y considera una bendición buscar más de Dios conjuntamente con sus lectores.

El mayor reto personal de Carla es dividir su tiempo entre todas las demandas que compiten por su atención. Su esposo, sus hijos, los familiares, la iglesia, los amigos, el hogar y la carrera exigen sus mejores esfuerzos, y sin falla, alguien siempre sale perdiendo. Ella dice que su tendencia era aferrarse a las oportunidades que se presentaban, porque parecían ser lo debido en ese momento, pero casi siempre se arrepentía de haber contraído demasiadas obligaciones. Ahora está aprendiendo a diferenciar entre lo que Dios considera que es lo mejor en su vida y las puertas de oportunidad que ella puede decidir cerrar. «No hay rol demasiado desafiante cuando una va de la mano con Dios —dice ella—. El Señor se ha mostrado fiel desde la fundación del mundo. Y él da buenos consejos para decir que no a las oportunidades que pueden impedirnos cumplir la obra que nos haya encomendado».

Vale la pena conversarlo: ¿Qué puerta de oportunidad cree usted que debe cerrar? ¿Por qué?

Búsqueda conjunta en la Biblia para una mayor comprensión de los roles:

Lean Éxodo 2:1–10 y Hebreos 11:23 acerca del difícil rol que desempeñaron los padres de Moisés. Ellos tuvieron que esconder a Moisés, su pequeño hijo, en una canasta de papiro entre los juncos a la orilla del Nilo para evitar su muerte. Dios también le ha asignado a usted algunos roles difíciles.

Algo de qué conversar: Piense en uno de los roles más difíciles que haya tenido. Mencione cómo ha superado (o está superando) esa dura asignación.

Así que... ¿a qué conclusión ha llegado acerca de los roles?

• Conversen juntas acerca de cualquier cosa que Dios esté cumpliendo en su vida a través de sus roles o sobre dónde necesita su dirección. Como el hierro afila al hierro, rétense la una a la otra a confiar en que Dios en su soberanía ya sabe con precisión lo que quiere lograr, eternamente, en su vida y en la vida de cualquier persona que envía a su camino.

SEGUNDO TEMA DEL DÍA: VALORES MORALES Y CONVICCIONES

Los roles mayormente son bastante obvios; llenan las horas en que estamos despiertas (¡y también a veces las que debieran de ser nuestras horas de sueño!). Los valores morales y las convicciones son menos obvios, menos discutidos, pero por supuesto que no menos importantes. Si los roles son el barco, los valores morales y las convicciones son los que dirigen al barco. Son los aspectos fundamentales de la vida, las pautas no escritas por las que nos guiamos, las cosas que más apreciamos.

Los siguientes dos ejercicios le ayudarán a exponer esos principios para que los pueda inspeccionar con cuidado y así comprender mejor cómo apoyan sus propósitos diarios y a largo plazo. Marque todos los valores morales y convicciones que se aplican a usted o escriba otra respuesta.

¿QUÉ DIEZ COSAS VALORA MÁS?

- ☐ Alcanzar metas y sueños
- ☐ Amistad
- ☐ Apariencia
- ☐ Bienes personales
- ☐ Bienestar
- ☐ Compromiso
- ☐ Control
- ☐ Deberes
- ☐ Desafíos físicos
- ☐ Dinero
- ☐ Entorno agradable
- ☐ Éxito
- ☐ Fama
- ☐ Familia
- ☐ Horarios
- ☐ Independencia
- ☐ Innovación
- ☐ Listas de cosas por hacer
- ☐ Metas intelectuales
- ☐ Perfección
- ☐ Poder

- ☐ Popularidad
- ☐ Prestigio
- ☐ Realización
- ☐ Reconocimiento
- ☐ Relación con Jesús
- ☐ Relaciones
- ☐ Reputación
- ☐ Riquezas
- ☐ Salud
- ☐ Seguridad
- ☐ Servicio a otros
- ☐ Servicio cristiano
- ☐ Trabajo en equipo
- ☐ Una recompensa en el cielo
- ☐ Viajes

- ☐ Otro: _____

- ☐ Otro: _____

Mis convicciones

Como expresa el antiguo dicho: «Si no somos capaces de apoyarnos en lo que creemos, cualquier cosa nos hará tambalear». En las seis líneas de abajo, escriba cosas tales como «Creo en...»

☐ Dar la gloria a Dios
☐ Dar más que recibir
☐ Dios, Jesús y el Espíritu Santo
☐ El arduo trabajo
☐ Escuchar bien
☐ Gente que ayuda a la gente
☐ Hacer todo lo mejor que pueda
☐ La acción positiva
☐ La Biblia
☐ La declaración de derechos
☐ La dignidad de todas las personas
☐ La filantropía
☐ La necesidad de pedir perdón
☐ La necesidad de perdonar

☐ La oración en las escuelas
☐ La unidad de la familia
☐ Los derechos civiles
☐ Los Diez Mandamientos
☐ Mostrar empatía, confianza y honradez
☐ No temer que caeré
☐ Nunca darme por vencida
☐ Ofrendar generosamente
☐ Pedir lo que quiero
☐ Poner a Dios en primer lugar
☐ Una actitud positiva
☐ Usar los dones que Dios me dio

• _____

• _____

• _____

• _____

• _____

• _____

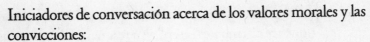

Iniciadores de conversación acerca de los valores morales y las convicciones:

• ¿Qué principios morales y convicciones valora más?

• Conversen sobre algo que antes valoraba o en lo que creía, algo que ya no valora tanto o en lo que ya no cree.

• Sus valores morales y sus convicciones dicen mucho acerca de los propósitos de su vida. ¿Sería posible que algunos de estos principios contengan alguna clave de lo que Dios quiere que haga con su vida ahora o en el futuro? No responda forzada. Solamente hágase esa pregunta y vea si Dios le revela algo hoy.

TERCER TEMA DEL DÍA: HÁBITOS ESPIRITUALES

El propósito de los hábitos espirituales es que usted llegue a ser más como Cristo, y además ayudarla a alcanzar la santidad. Un gran beneficio secundario es que también la ayudan a percibir la voluntad de Dios para su vida. Algunos de los hábitos, disciplinas o métodos que la gente usa para conocer la voluntad de Dios incluyen un tiempo prolongado de oración en soledad, escribir un diario, leer la Biblia o escuchar música de adoración. Algunos dicen que Dios habla en voz audible, mientras que otros dicen que permite a su Espíritu Santo darle pensamientos a través de los sermones, las sesiones de consejería, las caminatas en la naturaleza, el arte o las conversaciones.

¿Tiene usted una línea de comunicación directa con Dios o se maravilla cuando otras personas dicen algo como: «Dios me dijo...»? Ya que no hay solo una manera de comunicarse con Dios y oír su voz, usted puede tener buen éxito con una de estas formas: hacerle preguntas y luego escuchar sus repuestas; ayunar; incluir la adoración a Dios en todo lo que hace; o confesar sus pecados y arrepentirse. Puede oír la voz de Dios en forma más clara cuando le entrega algo específico; al perdonarse a sí misma o a alguna otra persona; o al buscar intimidad con él, no solamente conocimiento. Aminore la marcha hoy día y guarde un poco de silencio en su vida, y reflexione sobre la disciplina espiritual que posee o la que quisiera llegar a desarrollar. Marque cualquier hábito espiritual que practique regularmente o escriba su respuesta. Ponga un asterisco en los que ha marcado que le ayudan en forma especial a escuchar la voz de Dios.

Hábitos espirituales

☐ Adoración
☐ Arrepentimiento
☐ Ayuno
☐ Cantar alabanzas a Dios
☐ Confesión
☐ Conversar con Dios todo el día
☐ Diezmo
☐ Estudio de la Biblia
☐ Guardar el día de reposo
☐ Lectura de la Biblia
☐ Meditación en las Escrituras
☐ Memorización de las Escrituras
☐ Oración

☐ Oración mencionando los nombres de Dios
☐ Perdón
☐ Pureza
☐ Registro de memorias
☐ Rendición
☐ Silencio
☐ Tiempo de quietud
☐ Tiempos de reflexión a solas

☐ Otro:_____
☐ Otro:_____

Iniciadores de conversación acerca de sus hábitos espirituales:

• Conversen sobre los hábitos espirituales que marcó, los que escribió, o en los que puso un asterisco. Dé un ejemplo de una experiencia buena o mala.

• ¿Qué hábito le ayuda a conocer la voluntad de Dios?

• ¿Hay algo que usted o su Compañera de Propósito han dicho acerca de los hábitos espirituales que necesita ser estudiado más a fondo o algún pensamiento que le pesa en el corazón el cual quisiera discutir? Conversen acerca de algunos aspectos en los que tienen buen éxito o de cosas en las que desean más dirección para el desarrollo de las disciplinas espirituales.

CONVERSACIÓN OPCIONAL
EL HÁBITO
ESPIRITUAL DE BUSCAR LA DIRECCIÓN DE DIOS

*«Clama a mí y te responderé, y te daré a
conocer cosas grandes y ocultas que tú no sabes».*
(Jeremías 33:3)

Carol Bauer, en asociación con su esposo Gary, y *American Values,* un grupo político que aboga por la familia, tratan de fortificar a las familias norteamericanas sobre la base de los principios judeocristianos. Ella escribe un boletín noticioso mensual sobre la oración (*Prayer Alert*) desde Washington, D. C., que es enviado a decenas de miles de lectores.

Su fe firme y el ser la madre de tres hijos (de dieciocho a veintisiete años de edad) la ha preparado para ser mentora de madres de párvulos, y también líder de un grupo pequeño de madres de adolescentes. Ella anima a las madres a aplicar los principios bíblicos a la crianza de los hijos y se siente a gusto cuando son sinceras entre ellas y se ríen diciendo: «¿Tus hijos también hacen eso?», o exclaman: «¡Yo pensé que era la única que estaba pasando por esto!» Carol acude a Dios en todas las circunstancias, y tiene avidez por aprender todo lo nuevo que él quiere enseñarle.

Carol dice que ella trata de discernir la voluntad de Dios en esta forma: «Si leo fielmente su Palabra, le ofrezco adoración, busco su dirección, le entrego mis temores, mis preguntas y mi enojo ... y luego presto atención a su dirección, a sus consejos, y su aliento, descubro lo que él desea para mi vida. Esa es la parte sencilla. Lo difícil es que, entonces, tengo que obedecer». Y agrega: «Para poder discernir la voluntad de Dios debemos estar tan cerca de él como de nuestra mejor amiga».

Vale la pena conversarlo: Si oyeras hoy la voluntad de Dios para tu vida, ¿obedecerías?

CUARTO TEMA DEL DÍA: FORTALEZAS

Todos los creyentes tienen talentos, destrezas, habilidades y dones espirituales. A veces con gusto (¡y ojalá sea con humildad!) reconocemos estas virtudes o fortalezas extraordinarias en nosotras. Pero otras veces somos culpables de pensar que nada valemos o que no tenemos talento para nada. En tales ocasiones necesitamos hacer un análisis de la realidad y agradecer a Dios por la manera en que nos ha equipado para servirle en nuestro mundo. De cualquier forma, aproveche esta oportunidad para evaluar con honradez sus virtudes o fortalezas. Marque todo lo que se aplique a usted o escriba su respuesta.

SUS FORTALEZAS EXTRAORDINARIAS

Talentos, destrezas, y habilidades:

Las fortalezas pueden incluir sus talentos, destrezas, y habilidades

☐ Actuación
☐ Atención a los detalles
☐ Comunicación por señas
☐ Consejería
☐ Contabilidad
☐ Decoración de interiores
☐ Dibujo
☐ Diseño gráfico
☐ Escribir ficción
☐ Escribir poesía
☐ Escultura
☐ Informes a los tribunales
☐ Intuición
☐ Lectura de planos
☐ Mecanografía
☐ Mercadeo

☐ Multilingüe
☐ Organización
☐ Pensar con claridad aun bajo presión
☐ Pintura
☐ Supervisión
☐ Taquigrafía
☐ Tecnología
☐ Ventas

☐ Otro: _____

☐ Otro: _____

☐ Otro: _____

Dones espirituales:

Los dones espirituales son aquellas fortalezas que da el Espíritu Santo para ser utilizadas específicamente en la edificación del reino de Dios. Pueden ser dones natos o puede haberlos recibido para un tiempo específico de servicio. (Para más información sobre este tema, vea *Oración con propósito para mujeres*, páginas **214-215**. Incluidos allí hay varios recursos excelentes.)

☐ Administración
☐ Apostolado
☐ Ayudas
☐ Celibato
☐ Conocimiento y sabiduría
☐ Discernimiento
☐ Enseñanza
☐ Estímulo
☐ Evangelismo
☐ Fe
☐ Hospitalidad
☐ Liderazgo

☐ Misericordia
☐ Misiones
☐ Ofrendas
☐ Oración intercesora
☐ Pastor
☐ Pobreza voluntaria
☐ Profecía
☐ Sabiduría
☐ Sanidad
☐ Servicio

☐ Otro: _____

Iniciadores de conversación acerca de las fortalezas:

• ¿Qué talentos, destrezas, habilidades o dones espirituales marcó o escribió?

• Dé un ejemplo específico en que una de esas fortalezas fue evidente en su vida.

• ¿Qué sentimientos tiene acerca de sus fortalezas en particular o de la falta de ellas que percibe?

• ¿Qué piensa que debe hacer con sus fortalezas o su falta de ellas?

Para terminar

DIARIO DE ORACIÓN:

Ponga al día su diario de oración en las páginas **136-137**, y mencionen sus pedidos de oración y los agradecimientos.

CIERREN SU TIEMPO JUNTAS EN CONVERSACIÓN CON DIOS:

Amado Dios, gracias por ser parte de nuestra conversación hoy. Oramos que permitas que te alabemos a diario por quien eres y que pidamos que se haga tu voluntad a través de nosotras para tu gloria. Sin importar lo que hayas planeado para nosotras en un día en particular, muéstranos el camino a seguir. Gracias por los roles actuales que nos has asignado y ayúdanos a equilibrarlos. Queremos seguir tus impulsos sobre qué valorar y qué creer. Queremos practicar hábitos espirituales que nos ayuden a crecer para parecernos a Cristo y tener madurez en nuestra fe. Y pedimos que aumentes nuestras fortalezas, en especial nuestros dones espirituales, para poder servirte mejor. Pedimos esto en el nombre de Jesús. Amén.

ANTES DE LA SIGUIENTE CONVERSACIÓN:

• Lea el capítulo y complete los ejercicios para la Conversación #3.

• Piense en cómo usted y su Compañera de Propósito se tomarán juntas un día libre para disfrutar de la compañía mutua durante la Conversación #7: *Una pausa para reír*. Dependiendo de su presupuesto, pueden ir de caminata o salir a mirar los escaparates de las tiendas; hacer un postre o una manualidad; almorzar o tomar té; salir de paseo o tener una noche de juego; ver una película o ir a un musical; ver videos familiares o un documental; visitar un museo o parque de diversiones; salir de paseo en automóvil o ir a nadar; asistir a un partido deportivo o a un seminario; hacerse una manicura o un maquillaje; o conversar de sus pasatiempos. Planeen afinar los detalles durante la Conversación #6.

• Ore diligentemente por las peticiones de su Compañera de Propósito, así como también por las suyas. Pase tiempo durante la semana alabando a Dios por lo que es y por todo lo que ha hecho por ambas. Prepare su corazón en oración antes de su próxima conversación para que pueda desenterrar las cosas que impiden que cumpla los propósitos de su vida.

Conversación #3

DESCUBRAN LO QUE OBSTRUYE SUS PROPÓSITOS

Inicien su tiempo juntas en conversación con Dios: *Amado Dios, pedimos hoy que nos ayudes con respecto a nuestras motivaciones, nuestros temores, nuestras penas y nuestros pensamientos equivocados. Sabemos que tú eres el único que puede abrir nuestros ojos y ayudarnos a ver la verdad de cómo estas cosas afectan nuestra habilidad de seguir tu dirección diariamente. Confiamos en que nos guiarás hoy en una forma específica. Te lo pedimos en el nombre de Jesús. Amén.*

Tiempo ameno: Conversen acerca de alguna manía que las molesta o irrita, o de ciertas tradiciones familiares.

PRIMER TEMA DEL DÍA: MOTIVACIONES

Las máscaras y los disfraces encubren a la gente. Tapan lo verdadero, creando una simulación o una manifestación exterior falsa. Cuando el disfraz es para una pieza teatral o una fiesta, la ilusión es divertida. Pero cuando las apariencias son engañosas a propósito, el resultado es mucho más serio. ¿Mantiene usted algunas pretensiones?

Por ejemplo, ¿intenta ocultar sus verdaderas motivaciones? ¿Sonríe falsamente? ¿Qué esfuerzos hace para aparentar ser muy bondadosa mientras bajo la superficie sus razones para hacer algo no son nada buenas?

Comience hoy a llevar una vida más auténtica; comprenda más a fondo sus motivaciones y sus razones para hacer las cosas. Esta compren-

49

sión le ayudará a aprender a ser más genuina con Dios cuando le pida que lleve a cabo algún servicio. En el ejercicio de abajo, usted se preguntará: ¿Yo _____ con el fin de _____? Repase la lista de posibles respuestas y llene luego los espacios en blanco con las palabras que más se asemejan a su experiencia personal.

Mis motivaciones puras e impuras
Motivaciones impuras:

¿Yo _____

(Escriba en el espacio algún hecho positivo o negativo de su vida, como uno de los siguientes.)

- pido oración
- animo a las personas
- doy discursos
- envío una carta
- sirvo en un comité
- robo
- diezmo
- pido perdón

- doy ofrendas
- hago buenas obras
- asisto a una reunión
- especial
- avergüenzo a otros
- engaño
- doy regalos costosos
- me corrijo

- aconsejo a una amiga
- murmuro
- ayuno
- juzgo a otros
- miento
- oro

con el fin de _____

(Escriba en el espacio alguna motivación impura de su vida, como una de las siguientes.)

- sentirme con derecho de jactarme
- complacer a otros
- inspirar lástima o pena
- manipular una respuesta
- hacerme de una reputación
- causar conflictos
- impresionar a alguien
- sentirme bien de lo que hice
- dramatizar, actuar o mostrar pasión
- ser famoso, poderoso o rico

- obtener reconocimiento, atención, afirmación o recompensa
- hacer alarde de mi talento, belleza o conocimiento
- aprovecharme de las emociones de las personas o de su billetera
- aliviarme del sentimiento de culpa
- mejorar mi condición
- satisfacer mi curiosidad
- controlar a alguien

- desquitarme
- aliviarme del sentimiento de ver- güenza
- causar sensación
- aliviarme del enojo
- codearme con alguien famoso
- ocultar mi dolor, aburrimiento, celos o soledad

- henchirme de orgullo
- sentir que los demás están en deuda conmigo
- ser parte del grupo
- cumplir con mi obligación o deber
- murmurar

Otro: _____

Motivaciones puras:

¿Yo _____

(Escriba en el espacio algún **hecho positivo o negativo de su vida**. Lea la lista de motivaciones impuras para sacar ideas.)

con el fin de _____?

(Escriba en el espacio alguna **motivación de su vida**, como una de las siguientes.)

- dar gloria a Dios
- difundir las buenas nuevas de evangelio
- dar ejemplo de Jesús a alguien

Otro: _____

Iniciadores de conversación acerca de las motivaciones:

- ¿Qué respuestas escribió?
- ¿En qué forma la sorprendieron sus respuestas?
- En vista de lo que ahora saben acerca de sus motivaciones, conversen sobre los aspectos en los que necesitan el poder de Dios. Pregunte a su Compañera de Propósito si tiene alguna comprensión sobre sus propias motivaciones que pueda ayudarla a usted.

CONVERSACIÓN OPCIONAL
DESCUBRIENDO UNA MOTIVACIÓN IMPURA

«El Señor escudriña todo corazón y discierne todo pensamiento».
(1 Crónicas 28:9)

Quin Sherrer ha escrito o ha sido coautora de veinticuatro libros, entre ellos *Cómo orar por los hijos*, *Milagros de la oración* y *Abuela, necesito tus oraciones*. A través de sus conferencias y más de trescientas presentaciones en la radio y la televisión, ella desea animar a las mujeres con agudezas prácticas, bíblicas, y a veces, humorísticas.

Antes de que Quin empezara su ministerio de escritora, Dios le reveló una motivación impura de su corazón que echó raíces cuando ella tenía solamente doce años de edad. Estaba enojada con su padre por dejar a su madre para casarse con otra mujer, y dejó crecer su odio cuando, en los años venideros, él no estuvo presente en los principales acontecimientos de su vida: su graduación de la universidad, su boda y el nacimiento de sus tres hijos. Ya que él la estaba ignorando y haciéndole daño, ella decidió hacer lo mismo con él. Cuando mediante un sermón por fin quedó convencida de su actitud amarga y resentida, pidió perdón a Dios y decidió también perdonar a su padre. Dios entonces llenó su corazón de amor hacia su padre y comenzó a escribirle cartas. Cinco años más tarde, él viajó a verla y le preguntó: «¿Cómo puedes amarme después de todo lo que te he hecho?» Ella le dio un fuerte abrazo. Jesús realmente la había cambiado.

«Cuando tratamos con una motivación equivocada en nuestro corazón —dice Quin—, solo el Espíritu de Dios puede remodelarnos». La carrera de escritora y una relación restablecida con su padre son los resultados maravillosos de esa reconstrucción en la vida de Quin.

Vale la pena conversarlo: Piense en alguien a quien tiende a tratar mal. ¿Qué motivación impura en su corazón la lleva a ignorar el valor de esa relación (como el enojo, la envidia, la venganza, el sentido de superioridad o la necesidad de control)?

SEGUNDO TEMA DEL DÍA: TEMOR

Mis sinónimos favoritos de temor son *aprensión* y *pavor*, no *horror* ni *terror*. Para mí, los dos primeros describen el temor que vivimos a diario; mientras que los dos últimos describen el temor que más raramente persigue a las mujeres. ¿Vive usted con uno de esos temores? ¿Es manejable su temor o siente que está fuera de control? ¿Le causa una parálisis mental que le impide ser receptiva a la dirección de Dios? Las siguientes declaraciones pueden ser fuertes indicadores de temor:

- ¿Qué dirán los demás si sigo los planes de Dios para mi vida?
- No puedo hacerlo; es demasiado difícil.
- No sé por donde empezar.
- ¡No puedo creer que Dios me escoja a *mí* para esa misión!

Es difícil romper la barrera del temor, de modo que tenga paciencia. Dios la ama y puede usarla incluso cuando sienta temor. Marque cualquiera de los siguientes temores que se apliquen a usted hoy o escriba su otra respuesta. Ponga un asterisco después de cualquier temor que solía tener.

TEMORES

- ☐ Abandono
- ☐ Accidentes
- ☐ Aceptar que he pecado
- ☐ Alturas
- ☐ Arañas
- ☐ Bancarrota
- ☐ Cáncer de mamas
- ☐ Crítica
- ☐ Decepcionar a alguien
- ☐ Dependencia
- ☐ Despido
- ☐ Enfrentamientos
- ☐ Envejecer y debilitarme
- ☐ Espacios cerrados
- ☐ Evangelismo
- ☐ Éxito
- ☐ Falla moral
- ☐ Fracasar en un examen
- ☐ Guerra química
- ☐ Hablar con extraños
- ☐ Hablar en público
- ☐ Incendios
- ☐ Inundaciones
- ☐ Ir al médico

☐ Medusas   ☐ Ser asesinada
☐ Morir joven   ☐ Serpientes
☐ Participar en un grupo pequeño   ☐ SIDA
☐ Participar en un ministerio nuevo ☐ Soledad
☐ Perder mi casa   ☐ Sorpresas
☐ Poca productividad   ☐ Terrorismo
☐ Puentes   ☐ Un nuevo empleo
☐ Que me consideren incompetente   ☐ Una vida sin propósito
☐ Rechazo   ☐ Volar
☐ Ridículo

☐ Otro: _____

☐ Otro: _____

☐ Otro: _____

Iniciadores de conversación acerca del temor:
- ¿Qué temores marcó o escribió, y en cuáles puso un asterisco?
- Escoja varios temores de los que pueden conversar en detalle.
- ¿Qué cree que Dios quiere decirle acerca del temor? ¿La está retando a alejarse de alguno o la felicita porque ya lo ha hecho?
- Permita que su Compañera de Propósito la rete, preguntándole como su «temor al temor» puede impedirle cumplir al máximo lo que Dios tiene preparado para usted.

TERCER TEMA DEL DÍA: DOLOR

Toda clase de dolor enseña todo tipo de lecciones. La causa de su pena puede ser que su hijo adolescente se escapó; una amiga la decepcionó; la trataron de modo injusto en el trabajo; o un desastre natural destruyó su hogar. Usted puede estar luchando con el síndrome de la fatiga crónica, la bancarrota, el desempleo, la amenaza de una enfermedad mortal, la muerte de uno de sus padres, la confesión de homosexualidad de su esposo. Puede haber soportado violación, depresión o humillación pública.

Cuando las tragedias de la vida la destrozan, Dios aprovechará su quebrantamiento para formarla y perfeccionarla si se lo permite. ¿Puede ver que Dios la ha estado llevando a la madurez espiritual durante las experiencias más difíciles de la vida? Reflexione en lo que sus quebrantamientos le han enseñado. ¿Es usted más humilde, más agradecida, más sensible y más compasiva por lo que ha vivido? ¿Dedica más tiempo a la oración? ¿Ha aprendido a tener más paciencia, a ser más alentadora, más tierna, más generosa, más tolerante o más dependiente de Dios? Es de mucha ayuda reconocer cuánto ha sufrido y si ha puesto en manos de Dios su sufrimiento para que él se valga de ese dolor para completar su obra en la tierra.

Para este ejercicio, vamos a definir el dolor como cualquier tristeza, pérdida, pena, fracaso o pesar con el que ha tenido que enfrentarse, así haya sido una crisis en su propia vida o en la vida de su esposo, de sus hijos, o de su amiga más querida. Si una tragedia la ha cambiado para siempre, márquelo. Siga las demás instrucciones en la parte superior del *Mapa del dolor*.

Usted puede haber tenido en su vida numerosas experiencias de profunda pena, o puede haber tenido relativamente pocos pesares. Para algunas mujeres, este gráfico es una manera de romper la negación. Después de ver todos los puntos que marcaron, dicen: «Nunca me había dado cuenta de que había pasado por tantas cosas». Es bastante común, por ejemplo, que una mujer marque más de la mitad de los puntos.

Pero el aspecto más importante de este ejercicio no es cuántos puntos marque, sino la respuesta honrada a la pregunta: «¿Qué heridas siguen abiertas?» ¿Ha sanado lo suficiente como para seguir adelante? Si no lo ha hecho, tiene necesidad de enfocarse en el proceso de sanidad para que pueda con el tiempo seguir adelante.

Las circunstancias de su pasado la pueden ayudar a encontrar propósito y plenitud en su vida cuando se hace amiga de alguien que está experimentando una crisis como la que usted ya superó. Visto de otra manera, esto significa que su dolor será reciclado hacia algo útil que bendiga la vida de otra persona, tan pronto como usted pueda.

MAPA DEL DOLOR

1. Marque cualquier término que tenga que ver con un dolor del presente o del pasado.
2. Ponga una «S» para «sanado» junto a los términos marcados que siente que ha podido superar.
3. Ponga un asterisco junto a su peor pena o dolor.

- ☐ Abuso
- ☐ Accidente
- ☐ Acoso
- ☐ Adopción
- ☐ Anorexia
- ☐ Apariencia
- ☐ Asalto en el vehículo
- ☐ Ataque al corazón
- ☐ Ataques de pánico
- ☐ Aventuras sentimentales
- ☐ Bancarrota
- ☐ Bulimia
- ☐ Cáncer
- ☐ Ceguera
- ☐ Cirugía
- ☐ Conflictos con pandillas
- ☐ Depresión
- ☐ Desastres naturales
- ☐ Desempleo
- ☐ Deserción escolar
- ☐ Despido
- ☐ Discapacidad
- ☐ Discriminación
- ☐ Divorcio
- ☐ Drogas
- ☐ Embarazo inesperado
- ☐ Enfermedad

- ☐ Engaño
- ☐ Exhibicionista
- ☐ Experiencias relacionadas con el alcohol
- ☐ Falta de trabajo
- ☐ Familia dividida
- ☐ Fracaso en los negocios
- ☐ Hijo nacido muerto
- ☐ Hijo rebelde
- ☐ Incesto
- ☐ Infertilidad
- ☐ Insomnio
- ☐ Jubilación
- ☐ Legalizar
- ☐ Morir
- ☐ Muerte
- ☐ Muerte de una amiga inconversa
- ☐ Obsesión
- ☐ Pérdida de una herencia
- ☐ Pérdida de la casa
- ☐ Pérdida de un amigo
- ☐ Pérdida de un bebé
- ☐ Pérdida de un miembro del cuerpo
- ☐ Prisión
- ☐ Problemas de peso

☐ Problemas financieros   ☐ Suicidio
☐ Problemas sexuales   ☐ Traslado
☐ Retardo   ☐ Trombosis
☐ Robos   ☐ Un adolescente se fuga de casa
☐ Separación   ☐ Violación
☐ Separación militar   ☐ Violencia
☐ SIDA
☐ Soledad   ☐ _____
☐ Sordera   ☐ _____
☐ Sueños destrozados   ☐ _____

¿Qué heridas siguen abiertas? _____
_____
_____
_____

Iniciadores de conversación acerca del dolor:

• ¿Qué temas marcó, escribió o marcó con una «S», y cuáles marcó con un asterisco? ¿Cómo contestó la pregunta al final de la evaluación?

• ¿Qué preguntas o pensamientos tiene acerca de lo que Dios puede hacer para reciclar su dolor?

CONVERSACIÓN OPCIONAL

CUANDO SE HACE PEDAZOS EL CORAZÓN

Alabado sea el Dios y Padre de nuestro Señor Jesucristo, Padre miseri-cordioso y Dios de toda consolación, quien nos consuela en todas nues-tras tribulaciones para que con el mismo consuelo que de Dios hemos recibido, también nosotros podamos consolar a todos los que sufren.
(2 Corintios 1:3–4)

Karen Johnson es consejera licenciada y escritora. Durante treinta años ha sido maestra de la Biblia, y una personalidad muy famosa en la radio y la televisión. Durante quince años fue productora y anfitriona de un programa de televisión diario a escala nacional de llamadas directas.

En ese tiempo, contestó más de cincuenta mil llamadas de gente de todos los Estados Unidos que tenían necesidad de consejos.

Pero a la edad de cincuenta y tres años su vida se desmoronó. En aquel momento su esposo de treinta años le pidió el divorcio; su madre viuda por poco se muere (Karen es hija única); sus dos perros murieron; perdió su trabajo, su hogar, su iglesia y sus amigos; y seguía ocupándose del problema de que, por complicaciones de salud, no había podido tener hijos. Todo esto la forzó a comenzar por completo de nuevo. Destrozada, se aferraba a Isaías 54:5: «Porque el que te hizo es tu esposo; su nombre es el SEÑOR Todopoderoso». Ella dice: «Dios nos pide que superemos los contratiempos y que no nos amarguemos, ¡suceda lo que suceda!» Ahora, su gran placer es ayudar a mujeres (especialmente las mayores de cuarenta y cinco años) a dejar una huella en su mundo, a pesar de las circunstancias del pasado o del presente.

Vale la pena conversarlo: Partiendo de lo que ha aprendido sobre el quebrantamiento del corazón con el correr de los años, ¿qué consejo le hubiera dado a Karen cuando estaba sintiendo tanto dolor?

Búsqueda conjunta en la Biblia para una mayor comprensión del dolor:

Lean Job 42:12-17. Dios permitió que Satanás destrozara la vida de Job en todos los aspectos (familia, salud, riqueza, buena reputación y amistades) para que él fuera glorificado por el testimonio de Job. Más tarde, como recompensa por su fidelidad durante las horas oscuras, Dios hizo a Job mucho más próspero de lo que había sido antes.

Algo de qué conversar: ¿Le asombra cuán profundamente fue destrozada la vida de Job a la vez que considera la magnitud de su confianza en Dios? Conversen acerca de cómo creen que hubieran actuado en la situación de Job.

Así que... ¿a qué conclusión ha llegado acerca del dolor?

• ¿Qué ha notado usted o su Compañera de Propósito acerca del dolor? ¿Que no le gusta tratar con la pena profunda cuando ocurre? ¿Que siempre está esperando que ocurra algo peor?

• ¿O que con facilidad aprende una lección en medio de la angustia?
Hablen francamente acerca de sus reacciones ante el dolor en su vida o en
la de los demás.

CUARTO TEMA DEL DÍA: PENSAMIENTO ERRÓNEO

El pensamiento erróneo puede ingresar inconscientemente en nuestra
vida. A menudo ocurre, a temprana edad, que aprendemos algo nacido de la
inseguridad, del prejuicio o de la ignorancia de alguna otra persona. Sea since-
ra. ¿Qué punto de vista ha interiorizado que ha tratado de olvidar? Piense en
cómo el pensamiento erróneo podría interferir en lo que Dios le pide que sea
y que haga en este mundo. Al analizar la lista que sigue, marque o escriba cualquier aspecto que refleje lo que ha aprendido... ¡ya sea o no que siga teniendo
esas ideas!

PENSAMIENTO ERRÓNEO

- ☐ Debo acentuar lo que tengo para compensar lo que no tengo
- ☐ Debo salvar o rescatar a las personas
- ☐ Debo ser una madre perfecta
- ☐ Desconfiar de todos
- ☐ Dios me ama solo si soy productiva
- ☐ La autoestima depende de la buena apariencia, la riqueza, la popularidad o el poder
- ☐ La Biblia es fantasía
- ☐ Las buenas obras llevan al cielo
- ☐ La manipulación es efectiva
- ☐ Las personas pueden ser crueles
- ☐ Lo merezco
- ☐ Mi pasado arruina mi futuro
- ☐ Nací cansada
- ☐ Necesito ganar el primer premio
- ☐ No debo
- ☐ No encajo
- ☐ No hay absolutos
- ☐ No merezco que me amen
- ☐ No podré realizar todo lo que está en mi lista de asuntos pendientes
- ☐ No puedo
- ☐ No puedo complacer a Dios
- ☐ No puedo confiar en los hombres
- ☐ No soy suficientemente buena
- ☐ Nunca cedas el control
- ☐ Ojo por ojo
- ☐ Soy fea
- ☐ Soy una isla
- ☐ Soy una mala persona

☐ Soy una necia
☐ Soy una princesa
☐ Soy una sobreviviente
☐ Soy una supermujer
☐ Terminar una tarea a cualquier
costo

☐ Yo puedo arreglar a las personas

☐ Otro:_____

☐ Otro:_____

Iniciadores de conversación acerca del pensamiento erróneo:
- Diga a su Compañera de Propósito lo que marcó o escribió.
- Conversen acerca de lo que han hecho con sus antiguos pensamientos erróneos. ¿Se han desecho de algunos o de todos?
- ¿Hay algún concepto en particular que necesita repudiar en este momento para que pueda responder libremente al llamado de Dios en su vida? Si fuera así, deje que su Compañera de Propósito le ayude a echarle un buen vistazo hoy. Su meta es poder decir con una sonrisa: «¡Qué ridículo! Ya no creeré más en eso».
- Converse con su Compañera de Propósito sobre cualquier sentimiento que tiene acerca de su pensamiento erróneo. Los sentimientos pueden incluir enojo por haber sido engañada a temprana edad por alguien en quien confiaba, el gozo de haber visto la luz, o la emoción de poder contar a alguien lo que acaba de descubrir. Conversen acerca de cómo creen que Dios se siente con respecto a lo que han aprendido hoy.

Para terminar

DIARIO DE ORACIÓN:
Al mencionar sus peticiones y agradecimientos, ponga al día su diario de oración en las páginas **136-137**.

CIERREN SU TIEMPO JUNTAS EN CONVERSACIÓN CON DIOS:

Amado Dios, gracias por ser parte de nuestra conversación de hoy. ¿Cómo pudimos jamás vivir sin ti? Aléjanos de lo que nos está impidiendo seguir tu plan para nuestra vida, especialmente de nuestras motivaciones impuras, nuestros temores y nuestro dolor. Padre misericordioso, Dios de toda consolación, quien nos consuela en todas nuestras angustias, hoy te pedimos que nos ayudes a consolar a los angustiados con el consuelo que nosotras hemos recibido de ti. Y ayúdanos a repudiar las creencias erróneas que nos han impedido experimentar lo mejor que tienes preparado para nuestra vida. Llévanos hacia la vida que es tu propósito que vivamos. Te pedimos esto en el nombre de Jesús. Amén.

ANTES DE LA SIGUIENTE CONVERSACIÓN:
• Lea el capítulo y complete los ejercicios para la Conversación #4.
• Ore diligentemente por las peticiones de su Compañera de Propósito, así como también por las suyas propias. Pasen un tiempo durante la semana alabando a Dios por todo lo que es y por todo lo que ha hecho por ambas. Prepárense en oración para disfrutar del estudio de sus propósitos únicos en su siguiente conversación.

DISFRUTEN DE SUS PROPÓSITOS ÚNICOS

Inicien su tiempo juntas en conversación con Dios: *Amado Dios, hoy pedimos tu sabio consejo para nuestra inspiración, buenos éxitos, milagros y pasiones. Envíanos tu Espíritu Santo como un Magnífico Consejero, para que inspire honestidad y claridad en nuestro tiempo juntas, y que así podamos magnificarte más plenamente con nuestra vida. Pedimos esto en el nombre de Jesús. Amén.*

Tiempo ameno: Conversen sobre su restaurante favorito.

PRIMER TEMA DEL DÍA: INSPIRACIÓN

La comprensión de cómo puede invitar a la inspiración a su vivir es fundamental para que pueda llegar a la meta de completar los propósitos de su vida. Algunas mujeres se vuelven creativas al recargar sus baterías (descansando), recompensándose a sí mismas, aprendiendo algo nuevo, haciendo ejercicios, o con todo lo nombrado. Marque cualquier método de inspiración que le resulte apropiado o escriba su otra respuesta.

INSPIRACIÓN

¿Cómo puedo *cargar las baterías o descansar* durante un tiempo extenso para asegurar la continua creatividad? Esta es la habilidad de usar el tiempo de descanso para enfocarme.

- ☐ Dormir la siesta
- ☐ Filosofar acostada en una hamaca
- ☐ Invitar a mis amigas a una parrillada
- ☐ Jardinería
- ☐ Leer junto al fuego de la chimenea
- ☐ Mirar vitrinas con una amiga o alguien de la familia
- ☐ Oler las flores
- ☐ Orar
- ☐ Pasear por la playa con mi esposo o con una amiga
- ☐ Otro:_____
- ☐ Otro:_____

¿Cómo puedo *recompensarme* para inspirarme? No escriba cosas como «comer helado». Piense en las cosas que despiertan su creatividad, no en las que obstaculizan su sistema. Además piense en cosas que son verdaderos dones para usted, no en métodos para escapar.

- ☐ Almuerzo en un café al aire libre
- ☐ Baño de burbujas
- ☐ CD favorito
- ☐ Cita
- ☐ Concierto de jazz
- ☐ Golpecitos en la espalda
- ☐ Noche familiar
- ☐ Obra de Shakespeare
- ☐ Película de misterio
- ☐ Tiempo de diversión con mis nietos
- ☐ Otro:_____
- ☐ Otro:_____
- ☐ Otro:_____
- ☐ Otro:_____

¿Cómo puedo *aprender cosas nuevas?* Aprende mejor con la ayuda de...

- ☐ Una canción
- ☐ Una clase/un seminario
- ☐ Un libro/un artículo
- ☐ Un pasatiempos
- ☐ Un seminario
- ☐ Un sermón

- ☐ un vídeo
- ☐ Otro:_____
- ☐ Otro:_____
- ☐ Otro:_____

¿Qué clase de *ejercicio físico* realiza? ¿Qué hace para mantener buena circulación?

- ☐ Bailes de salón
- ☐ Clases de gimnasia aeróbica
- ☐ Ciclismo
- ☐ Kayak
- ☐ Kickbox
- ☐ Natación

- ☐ Subir escalas
- ☐ Tenis
- ☐ Trote
- ☐ Otro:_____
- ☐ Otro:_____

Iniciadores de conversación acerca de la inspiración:

- ¿Qué puntos marcó o escribió? Conversen más acerca de sus maneras favoritas de ejercer la creatividad.
- Pregunte a su Compañera de Propósito cuál es el mayor provecho que ha sacado de los ejercicios de hoy en cuanto a cumplir los planes diarios de Dios y aquellos a largo plazo.
- Discutan sus pensamientos sobre este asunto.

SEGUNDO TEMA DEL DÍA: ÉXITOS

Los buenos éxitos en su vida la han formado como lo que es, y pueden ser grandes recordatorios de lo que es capaz de hacer con la ayuda de Dios. ¿Quién sabe? Algunos de sus buenos éxitos pueden bendecir en alguna forma el reino de Dios. *No* sea tímida ni tema mencionar cómo ha tenido buen éxito en la vida, así le haya sido reconocido con premios o no.

Este es le momento de anotar las verdades sobre sus grandes o pequeños logros. Si algo ocurrió hace mucho tiempo o si es un suceso actual,
marque cualquiera que se aplique a usted o escriba su otra respuesta.

ÉXITOS EN MI VIDA

Piense en sus años de escuela:

- ☐ Aprendí a tocar el piano u otro instrumento
- ☐ Completé un proyecto
- ☐ Fui miembro de un equipo deportivo
- ☐ Gané un premio en una exposición científica
- ☐ Obtuve un certificado o título universitario

- ☐ Participé en una producción teatral
- ☐ Tuve un cargo en la clase o en un club
- ☐ Tuve un elevado promedio de calificaciones
- ☐ Otro:_____
- ☐ Otro:_____

O en los años posteriores:

- ☐ Alcancé el peso que me había propuesto
- ☐ Compré o decoré una casa
- ☐ Corrí 5 kilómetros, 10 kilómetros, o una maratón
- ☐ Crié a un hijo con necesidades especiales
- ☐ Cuidé de unos de mis padres que estaba discapacitado
- ☐ Dejé de fumar
- ☐ Discipulé a un nuevo creyente
- ☐ Empecé una empresa; construí un bote; organicé un equipo
- ☐ Guié a alguien al Señor

- ☐ Obtuve ganancias para mi empresa
- ☐ Ocupé un cargo político
- ☐ Presenté un buen e importante discurso
- ☐ Recibí un premió en pintura o en música
- ☐ Restauré una relación
- ☐ Soy una buena esposa y amo a mi marido
- ☐ Soy una madre digna de confianza
- ☐ Otro:_____
- ☐ Otro:_____

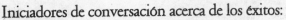

Iniciadores de conversación acerca de los éxitos:

• ¿Qué puntos marcó o escribió?

• ¿Fue usted reconocida o aplaudida por uno de sus buenos éxitos, aunque fuera con palabras sencillas de felicitación? Conversen sobre esto.

CONVERSACIÓN OPCIONAL
LA DEFINICIÓN DE DIOS DEL BUEN ÉXITO

Toda la plenitud de la divinidad habita en forma corporal en Cristo; y en él, que es la cabeza de todo poder y autoridad, ustedes han recibido esa plenitud.
(Colosenses 2:9–10)

Nacida bizca y ciega de uno de sus ojos, Carola Brewer hizo el ridículo en su escuela por su aspecto físico. Su ojo fue enderezado con cirugía a la edad de nueve años, pero su baja autoestima no cambió hasta su último año de escuela básica cuando entregó su corazón a Cristo. Hoy es una artista que graba discos, escritora de canciones, líder de alabanzas y oradora.

Carola dice que su impedimento visual le hace acordar cuán difícil fue para ella ver al Señor. Ahora, convencida por la Palabra de Dios y dirigida por su Espíritu Santo, los pensamientos vagos y los puntos ciegos espirituales del pasado de Carola han cambiado a una verdadera percepción de Jesús que diariamente se acerca más a la visión perfecta que ella sabe que tendrá en el cielo.

Dios le dio a Carola el talento de una voz sorprendente, un deseo de seguirlo, y la habilidad de dirigir a otros a su presencia. Sin embargo, aun como cristiana, Carola solía tener pavor de aparecer en la televisión por la posibilidad de que su ojo izquierdo se desenfocara. Un día desalentador, el Señor le susurró: «No te preocupes, Carola. ¿Sabes qué? Hay personas entre el público que dicen: "¡Mira, el ojo de ella hace eso también!"»

Abrumada por el gran amor de Dios, Carola comenzó a encontrar su estima en Cristo, no en las fallas de ella misma. «Me alegro de no haber hecho un trato con Jesús —dice ella—. Me complace no haberle dicho:

"Señor, si sanas mi ojo haré esto o aquello por ti durante el resto de mi vida". Él ya ha pagado el precio máximo por mí, y ahora, con un corazón agradecido, soy libre de servirle generosamente, en cualquier circunstancia. Lo sirvo por ser él quien es y porque yo soy de él, no por lo que soy o por las cosas maravillosas que ha hecho por mí».

Vale la pena conversarlo: ¿Cómo le parece definir al buen éxito como «unión con Cristo»?

Así que... ¿a qué conclusión ha llegado acerca de los éxitos?
- Hable con su Compañera de Propósito acerca de lo que está claro en su mente y lo que todavía necesita aclarar acerca del tema del buen éxito. ¿Qué es lo que Dios le ha enseñado?

TERCER TEMA DE HOY: MILAGROS

El más grande milagro de mi vida, que sigue repitiéndose, es que Dios una y otra vez se vale de mí a pesar de lo pecaminosa que soy. Estoy muy sorprendida de que pueda usar a alguien como yo para sus propósitos. ¿Y qué sobre usted? Dedique tiempo para acallar su mente mientras pide a Dios que la ayude a recordar algunos de los cientos de milagros que ha llevado a cabo en su vida o en la vida de sus seres queridos. Cuanto más específica haga la lista de acontecimientos o circunstancias, tanto mejor; pero francamente, ¡no hay nada de malo en que alabe a Dios hoy por el milagro de las puestas de sol! Escriba a continuación cinco de sus milagros favoritos:

RECUERDE LOS MILAGROS
1.
2.
3.
4.
5.

Iniciadores de conversación acerca de los milagros:
- ¿Qué milagros escribió? Describa su milagro favorito con más detalles.

- ¿Hay algún límite de los milagros que Dios puede hacer en su vida?
- ¿Cuál es el siguiente milagro que le gustaría que Dios llevara a cabo?
- Conversen acerca de lo que sintieron al hacer memoria de algunos de los milagros que Dios ha hecho en su vida y en la vida de sus seres queridos.

CUARTO TEMA DE HOY: PASIONES

El descubrir una pasión saludable da un nuevo empuje a la vida. Produce una intensidad en su personalidad que maravilla a la gente. Puede ser una pasión divertida: realizar viajes internacionales, conducir un todo terreno, jardinería, patinaje, o levantamiento de pesas. Puede ser que tenga pasión por una causa específica, así como la distrofia muscular, el analfabetismo, la restauración de monumentos históricos, los derechos de los animales, o ser el portavoz de una escuela. Si es una pasión espiritual, alguien puede llamarla una magnífica obsesión por las cosas de Dios. Quizás es una educación útil para la vida, ayudar a las parejas a revivir su amor, o hacer evangelización. Todas las pasiones saludables la llevarán un paso más cerca en el descubrimiento de su propósito en la vida, porque todas son un don de Dios y tienen el potencial de ser usadas por él para difundir las buenas nuevas del evangelio. ¿Ha pensado en esto?

¿Tiene una pasión leve o una pasión profunda? ¡Esto es una elección de la lectora hoy! Cualquier clase de respuesta es formidable. Aparte de conocer a Cristo y crecer en la fe (¡que son pasiones fundamentales!), ¿en qué puede gastar sus horas sin siquiera darse cuenta?

Considere todas estas maneras de hacerse la misma pregunta acerca de sus pasiones saludables:

- ¿Qué me encanta hacer?
- ¿Qué me hace remontarme en vuelo como el águila?
- ¿En qué me pierdo durante horas?
- ¿Qué me da entusiasmo?
- ¿De qué me encanta conversar?
- ¿Qué es más valioso para mí que el oro?

- ¿Qué me gustaría hacer más que cualquier otra cosa?
- ¿Qué me parece divertido?
- ¿Cuál es mi pasatiempo favorito?

En el siguiente ejercicio, marque cualquier punto que se aplique a usted o escriba su otra respuesta. En la sección de «Pasiones poco saludables» del ejercicio, está bien anotar en la memoria cualquier respuesta que le incomode escribir en este libro.

PASIONES SALUDABLES Y POCO SALUDABLES

Pasiones saludables:

- ☐ Acontecimientos actuales
- ☐ Amor por los niños que han sido víctimas de abuso
- ☐ Arqueología
- ☐ Arte
- ☐ Aviones
- ☐ Bailes folclóricos
- ☐ Boliche
- ☐ Buceo
- ☐ Canotaje
- ☐ Censura a la televisión
- ☐ Ciencia forense
- ☐ Cocina
- ☐ Comidas populares
- ☐ Costura
- ☐ Crucigramas
- ☐ Daño en la capa de ozono
- ☐ Derechos de la mujer
- ☐ Discipulado
- ☐ Diseño gráfico
- ☐ Educación acerca del aborto
- ☐ Equitación
- ☐ Escalar rocas
- ☐ Escritura

- ☐ Especies en extinción
- ☐ Jockey
- ☐ Justicia
- ☐ Libros de niños
- ☐ Los destituidos
- ☐ Madres solteras
- ☐ Ministerios a los jóvenes
- ☐ Motociclismo
- ☐ Música clásica
- ☐ Pesca submarina
- ☐ Piano
- ☐ Pintura
- ☐ Política
- ☐ Programas de recuperación
- ☐ Remodelación
- ☐ Repostería
- ☐ Reptiles
- ☐ Salud
- ☐ Tejido con crochet
- ☐ Terapia para superar conflictos
- ☐ Vecindarios seguros
- ☐ Viajes misioneros
- ☐ Voluntariado
- ☐ Otro_____
- ☐ Otro_____

Pasiones pocos saludables:

- ☐ Abuso de las bebidas alcohólicas
- ☐ Adulterio
- ☐ Apuestas
- ☐ Comer en exceso
- ☐ Compradora compulsiva
- ☐ Consumo de drogas
- ☐ Control
- ☐ Egocentrismo
- ☐ Gastos excesivos
- ☐ Hablar constantemente por teléfono
- ☐ Negligencia
- ☐ Obsesión por la limpieza de la casa
- ☐ Pornografía
- ☐ Televisión día y noche

Iniciadores de conversación acerca de las pasiones:
- ¿Qué respuestas marcó o escribió? Dediquen algún tiempo a conversar de lo que piensan del tema.

CONVERSACIÓN OPCIONAL
TESTIMONIO APASIONADO DE LA VERDAD

Tú has hecho que mi corazón rebose de alegría, alegría mayor que la que tienen los que disfrutan de trigo y vino en abundancia.
(Salmo 4:7)

Criada al filo de la pobreza por una madre soltera, Allison Gappe Bottke empezó su vida en un barrio pobre de Cleveland, Ohio. El abuso sexual de niña la dejó marcada. A la edad de quince años, se escapó de casa y se casó con un joven cuyo abuso físico por poco la mata. A los dieciséis años, Allison era una madre sola divorciada, que terminó sus estudios con la ayuda económica de la beneficencia social. Mucho más adelante, se convirtió en una de las primeras modelos de talla grande de los Estados Unidos. Gracias al cambio total que Dios hizo en su vida, fundó el ministerio «Dios permite vueltas en U». Allison cree que el Señor la salvó de una vida turbulenta para que pueda ser una testigo firme de la verdad de que ningún pecado es tan grande que no pueda haber una total transformación.

Allison tiene una pasión por alcanzar a los que, como ella en años pasados, están atascados en el desconcierto y la adicción. «Mi pasado es vergonzoso —dice ella—, con un embarazo de adolescente, drogas, alcohol, abortos y otras malas decisiones. Hoy, me apasiona cómo Dios puede cambiar una vida cuando alguien le abre el corazón. Me encanta testificar que uno nunca puede estar demasiado perdida o demasiado quebrantada para volver su corazón a Dios». Allison tiene un lugar muy especial en su corazón para los inconversos y las feministas radicales arraigadas en el movimiento de la Nueva Era. «Pida a Dios que se revele de manera poderosa en su vida —dice—. Pídale que le dé una pasión ardiente para servirlo. ¡Luego, hágalo por el resto de su vida!»

Vale la pena conversarlo: ¿Por qué cree que Dios confía una pasión a alguien que anteriormente ha tomado malas decisiones?

Búsqueda conjunta en la Biblia para una mayor comprensión de las pasiones:
Lean Isaías 1:1-20, que es el principio de la visión de Isaías concerniente a Judá y Jerusalén. Este profeta tenía pasión porque la nación de Judá buscara a Dios. Era el mensajero de Dios, advirtiendo al pueblo que debía dejar de traer sacrificios inútiles.

Algo de qué conversar: Reflexionen acerca de sus pasiones —saludables o poco saludables— y hablen acerca de cómo Dios podría valerse de esas pasiones para que mucha gente conozca su Palabra.

Así que... ¿a qué conclusión ha llegado acerca de las pasiones?
• ¿Qué ha notado acerca de su pasión o la falta de ella?
• Pida a su Compañera de Propósito que comente acerca de *su* más grande pasión o de la falta de pasión.

Para terminar

DIARIO DE ORACIÓN:

Al mencionar sus peticiones y agradecimientos, ponga al día su diario de oración en las páginas **136-137**

CIERREN SU TIEMPO JUNTAS EN CONVERSACIÓN CON DIOS:

Amado Dios, ayúdanos a aprender a disfrutar más del lado ameno de nuestro propósito en la vida. Gracias porque tienes tantas maneras creativas de inspirarnos. Gracias por todo buen éxito que hemos tenido, especialmente por la certeza de que nuestra mayor victoria es que somos completas en nuestra unión con Cristo. Gracias por tu generosidad en hacer milagros en nuestra vida. Y gracias por llenar de alegría nuestro corazón con las pasiones saludables que nos has infundido. Somos más bendecidas que cuando abundan el grano, el vino nuevo y tus otras provisiones. Te pedimos que llevemos hoy una vida apasionada en servicio a ti. Estamos cansadas de solamente existir día a día. Enciende un fuego en nosotras que use nuestras pasiones para el bien de los que amas. Ayúdanos a pasar más tiempo contigo, el Autor de nuestra inspiración, nuestro buen éxito, los milagros y las pasiones saludables. Te pedimos esto en el nombre de Jesús. Amén.

ANTES DE LA SIGUIENTE CONVERSACIÓN:

• Lea el capítulo y complete los ejercicios para la Conversación #5.

• Ore diligentemente por las peticiones de su Compañera de Propósito, así como también por las suyas propias. Pasen tiempo durante la semana alabando a Dios por todo lo que es él y por todo lo que ha hecho por ambas. Pídanle una medida extra de sabiduría y discernimiento para la siguiente conversación que trata algunos buenos pronósticos de sus futuros propósitos.

Conversación #5

BUENOS PRONÓSTICOS DE FUTUROS PROPÓSITOS

Inicien su tiempo juntas en conversación con Dios: *Amado Dios, hoy te pedimos una medida extra de intrepidez al conversar de nuestro ministerio y nuestra misión, del mensaje de vida, del ardiente anhelo de nuestro corazón, y de un vistazo al futuro. Sabemos que te importan estas cosas más de lo que nos importan a nosotras, de modo que ayúdanos a terminar la carrera que tenemos por delante dándonos más entendimiento acerca de tu camino hacia el propósito. Te lo pedimos en el nombre de Jesús. Amén.*

Tiempo ameno: Conversen de la personalidad más interesante con la que alguna vez hayan tropezado. Pueden pensar en alguien de alguna de estas categorías: una persona arriesgada, un introvertido, un científico medio loco, un excéntrico, o alguien que ríe a carcajadas. Diviértanse, pero usen un seudónimo para no revelar la identidad del tipo interesante.

PRIMER TEMA DEL DÍA: MINISTERIO Y MISIONES

No hay explicación de la razón de por qué un ministerio toca su corazón y otro no. Todo lo que sabemos con certeza es que Dios creó único a cada individuo, para que cada tarea preciosa que necesitaba llevar a cabo en este mundo sea hecha por alguien a quien le encanta hacerlo. Por ejemplo, a alguien le encanta pintar y decorar las aulas de la Escuela Dominical, mientras que para otro lo más divertido es diseñar páginas en la red para la iglesia.

¿De qué ministerio disfruta más? ¿De dar testimonio en una reunión social para nuevos conversos, cuidar los niños de los miembros de la iglesia, ser mentora de mujeres, o escribir obras de teatro para el ministerio de la juventud? ¿Tiene su mejor tiempo cuando dirige el tráfico para los cultos del fin de semana, cuando lleva a los miembros ancianos a sus citas con el médico, o cuando sirve como capellán del hospital?

¿Y qué de su participación en las misiones? ¿Qué obra misionera le gusta hacer? ¿Hace las averiguaciones para un viaje misionero internacional o da ofrendas en forma anónima para los que no pueden viajar al extranjero sin apoyo económico? ¿Es su misión plantar iglesias en lugares remotos?

Es muy importante estar consciente de las áreas de servicio que no la agotan, porque habrá suficientes asignaturas prácticas que la dejarán rendida cuando Dios le pide que se encargue de ellas. Hoy, piense en las oportunidades de servicio que ha tenido en su ministerio en la iglesia o en la obra misionera. Marque cualquiera que se aplique a usted o escriba otra su respuesta. Ponga un asterisco junto a sus favoritos.

OPORTUNIDADES PARA EL MINISTERIO Y LAS MISIONES

☐ Banda de adoración

☐ Evangelismo en la universidad

☐ Fiesta de la cosecha

☐ Liderazgo de un grupo pequeño

☐ Ministerio a los orfanatos

☐ Ministerio de costura

☐ Ministerio de reparación de vehículos

☐ Viaje misionero en el país con el fin de _____

☐ Viaje misionero fuera del país con en el fin de _____

☐ Voluntariado en la oficina de la iglesia

☐ Otro: _____

☐ Otro: _____

Iniciadores de conversación acerca del ministerio y las misiones:

- ¿Qué repuestas dio? Cuente acerca de las oportunidades muy especiales que ha tenido de servir a los demás. Si lo desea, también puede contar su experiencia menos favorita.
- ¿Qué cree que Dios le ha estado enseñando a través de las oportunidades en el ministerio y las misiones o la falta de ellas? Conversen acerca de algún paso específico por el que necesita orar pidiendo el consejo de Dios. Si es así, hagan una pausa y oren con palabras sencillas por el asunto.

CONVERSACIÓN OPCIONAL
ENCONTRAR SU CAMPO DE SERVICIO

El Rey les responderá: «Les aseguro que todo lo que hicieron por uno de mis hermanos, aun por el más pequeño, lo hicieron por mí».
(Mateo 25:40)

Pat Palau y su esposo, Luis, dirigen campañas evangelísticas internacionales a través de la Asociación Evangelística Luis Palau. Ella es esposa, madre de cuatro hijos casados, y tiene nueve nietos. Pat crea un ambiente de hogar pacífico para su familia.

En los años recientes, Dios la ha bendecido con una esfera creciente de influencia ministerial, tanto sola como en los festivales y las cruzadas que patrocina la asociación. Pat dice que su esposo muestra a la gente cómo entregar su vida a Cristo y que de manera sencilla ella ayuda a los nuevos conversos a crecer en la fe. Sobre la base de su larga y maravillosa jornada con Jesús, es un gozo para ella compartir su comprensión bíblica acerca de la voluntad de Dios y sus caminos.

Al correr de los años, Pat ha notado que, a pesar de que ha predicado en muchos lugares en muchos países, disfruta más de predicar en los retiros femeninos de fin de semana. Dice que la interacción personal, el flujo de la enseñanza, y la libertad de decir todo lo que sabe acerca de la gracia de Dios, le da un profundo sentido de satisfacción. «No hay nada mejor que expresar nuestro amor a Jesús y nuestra fe en él en palabras y acción —

dice ella—. Es muy estimulante decir y hacer cosas que ayudan a las personas a desarrollarse dentro del plan de Dios para su vida».

Vale la pena conversarlo: ¿Qué oportunidad de servicio quisiera haber tenido o sigue deseando tener?

SEGUNDO TEMA DEL DÍA: MENSAJE DE VIDA

Es asombroso que Dios haya dado a cada persona un mensaje de vida para compartir con nuestro mundo adolorido. Ese mensaje que nos ha sido confiado nos hace mensajeros de Dios. La entrega de su mensaje nos convierte en sus fieles embajadores. Para el ejercicio que sigue: «Edición especial: Los tiempos», rellene la fecha de hoy y su nombre. Luego escriba lo que diría al mundo si supiera que todos harían inmediatamente cualquier cosa que usted les dijera que hicieran. (¡Sí ... cuando [su nombre aquí] habla, todos escuchan!)

No escriba un mensaje general de salvación. Hágalo más específico a su visión personalizada de Dios o según lo que sueña su corazón. Por ejemplo:

- Sea amable con los no hermosos.
- Nunca te des por vencido.
- Perdona a los demás.
- Ama incondicionalmente con el amor de Jesús.
- Nunca pierdas la esperanza en Dios.
- Sé siempre gozoso.

Edición especial

LOS TIEMPOS

Fecha: _____

«LO QUE QUISIERA DECIR AL MUNDO».

Según _____, primer estratega del Plan de Vida:

Iniciadores de conversación acerca de su mensaje de vida:
- ¿Qué escribió y por qué?
- Conversen acerca de cómo la hizo sentir este ejercicio (por ejemplo: abrumada, temerosa, confundida, esperanzada, motivada). ¿Por qué cree que ocurrió eso?

TERCER TEMA DEL DÍA: EL ARDIENTE ANHELO DEL CORAZÓN

¿Se le ha dicho que debe dejar un legado, seguir su destino, o marcar una diferencia con su vida? Alguna vez le han preguntado cuál será su contribución? Estas frases encierran un aspecto importante de la naturaleza humana: queremos que nuestra vida tenga importancia; queremos impactar a nuestro mundo. Por supuesto, Dios la creó con esa naturaleza humana, y *tiene* algo para que usted haga mientras está aquí en la tierra.

¿Cómo sería si no hubiera pautas para todo lo que puede hacer con Dios y para él? ¿Cómo sería si usted tuviera recursos ilimitados, incluidos todo el tiempo, el dinero y la energía que necesitara? Permita que el ejercicio de hoy la libere. Permita que le ayude a pensar más allá de todos sus límites normales acerca de lo que Dios puede tener en mente para su vida. ¡Por ahora, el cielo es el límite!

¿Fundaría refugios para niños maltratados, desarrollaría un ministerio nacional de oración para apoyar al cuerpo de bomberos o al personal de la salud, o generosamente adoptaría varias parejas de ancianos como sus abuelos? ¿Cómo sería si Dios apoyara su idea al cien por ciento? ¿Escribiría algunos libros sanos para niños? ¿Establecería academias acreditadas para la formación de más profesores de escuelas cristianas? ¿Abriría un banco de alimentos en una vecindad de gente de pocos recursos? ¿Patrocinaría vacaciones de ensueño para pastores y sus familias? ¿Usaría todos los recursos disponibles para encontrar una cura para una enfermedad, para enseñar a la gente a glorificar a Dios, o para ubicar a todos los huérfanos del mundo en familias? ¿Comenzaría en su iglesia un ministerio de recuperación de drogadictos? ¿Abriría un centro con propósito para la mujer? ¿Ejercería presión contra la pornografía en la Internet?

Usted puede pensar acerca del deseo ardiente de su corazón en cualquiera de las siguientes formas:

- ¿Cuál es mi deseo más profundo? (¡Puede que nunca se lo haya contado a nadie!)
- ¿Qué es lo que anhelo y ansío?
- ¿Cuáles son mis esperanzas o deseos?
- ¿Cómo quiero contribuir al mundo?

- ¿Por qué quiero que me reconozcan? (Esta no es la mejor motivación del mundo, pero puede provocar un pensamiento útil.)
- ¿Qué causa o grupo de gente me destroza el corazón?
- ¿Qué haría o qué sería si tuviera todo el dinero o toda la influencia del mundo?

En el siguiente ejercicio, marque el anhelo de su corazón o escriba su otra respuesta.

EL ANHELO ARDIENTE DEL CORAZÓN

☐ Matrimonio
☐ Publicar un libro
☐ Sanidad de una enfermedad
☐ Tener seguridad financiera
☐ Tener un hijo o una hija
☐ Viajar

☐ Otro: _____

☐ Otro: _____

Iniciadores de conversación acerca del ardiente anhelo de su corazón:
- ¿Cuál es el ardiente anhelo de su corazón? ¿Qué detalles conoce acerca de esto?
- ¿Por cuánto tiempo se ha sentido así?

CONVERSACIÓN OPCIONAL
¡SUEÑOS SIN LÍMITE!

Su señor le respondió: «¡Hiciste bien, siervo bueno y fiel!
En lo poco has sido fiel; te pondré a cargo de mucho más.
¡Ven a compartir la felicidad de tu señor!»
(Mateo 25:21)

René Bondi es esposa, madre, maestra auxiliar, hija, hermana, nuera, madrina, vecina, y famosa oradora, autora y cantante. La relación de René con Jesús se va profundizando a medida que sigue reconociéndolo tanto en las cosas pequeñas como en las traumáticas.

En 1988, dos meses antes del día de su boda, René tuvo un inesperado accidente que la dejó tetrapléjica. Un año después de su internamiento de cinco meses en el hospital, durante el que René fue operada para unir las vértebras del cuello y recibió terapia ocupacional, se casó con Mike, su enamorado desde hacía mucho tiempo.

¿Cuál es el sueño de René? Su gran deseo es ganar a su patria para Cristo. Quisiera visitar colegios e iglesias, usando todos los recursos posibles para educar a grandes guionistas, productores de cine, cantantes que graban discos, reporteros y pintores de arte para que infiltren nuestra sociedad con entretenimiento sano y positivo. Luego pondría en marcha una inmensa maquinaria de mercadotecnia para promover todo esto. Ella dice: «Quítenle la tapa a la caja en la que han ocultado a Dios. Estoy maravillada de lo que hasta este momento él ha hecho con este cuerpo destrozado... ¡y hago énfasis en las palabras *hasta este momento!*»

Vale la pena conversarlo: ¿Por qué es una buena idea quitar la tapa de la caja en la que se ha encerrado a Dios?

Búsqueda conjunta en la Biblia para una mayor comprensión de cómo seguir el anhelo del corazón: Lean Lucas 8:1–3 acerca de mujeres como María Magdalena, Juana la esposa de Cuza (que era el mayordomo de Herodes), Susana, y muchas otras que amaban a Jesús y se regocijaban en apoyar económicamente su ministerio.

Algo de qué conversar: Cuando llegue al cielo, ¿le contará Dios entre los que para cumplir su ministerio siguieron el anhelo de su corazón?

Así que... ¿a qué conclusión ha llegado acerca del ardiente anhelo de su corazón?

• Conversen acerca de cómo se sintieron al anotar el ardiente anhelo de su corazón. Dialoguen sobre el hecho de que Dios deposita en los seres humanos sus más caros anhelos.

CUARTO TEMA DEL DÍA: UN VISTAZO AL FUTURO

Dios a menudo da órdenes de acción inmediata para las tareas que nos asigna en la edificación del reino, pero a veces le gusta dar un vistazo preliminar de una temporada futura en la vida de una persona. Si escogiera darle un vistazo de una de sus asignaciones futuras, quizá quiera darle tiempo para reunir coraje, resistencia, carácter y recursos, para que cuando le toque llevar a cabo su ministerio, no esté atemorizada ni mal preparada. Un vistazo temprano del llamado de su vida puede ayudarla a añorarlo y aceptarlo con gracia. Habacuc 2:2 dice: «Pues la visión se realizará en el tiempo señalado; marcha hacia su cumplimiento, y no dejará de cumplirse. Aunque parezca tardar, espérala; porque sin falta vendrá». Sin embargo, tiene que andar con cuidado una vez que haya tenido la visión preliminar para no volverse impaciente. Mientras sondea esta idea, diviértase contestando a las siguientes preguntas:

¿UN VISTAZO PRELIMINAR DE DIOS PARA MÍ?

1. De niña, ¿qué soñaba ser o hacer? _____

_____

¿Qué la atrajo acerca de esta carrera, rol, ministerio, misión o vocación?

_____

¿Se ha cumplido este sueño, al menos en parte? _____
Explique. _____

_____

¿Será posible que alguna vez se realice? _____
Explique. _____

_____

2. ¿Cuáles fueron sus materias de estudio favoritas y menos favoritas?
Favoritas: _____   _____
Menos favoritas: _____   _____

3. ¿Cuáles fueron algunos de sus pasatiempos favoritos durante su niñez?

4. ¿En qué sobresalía cuando era una niña? _____
¿Y más adelante en la vida? _____

5. ¿Cuál ha sido una de sus mejores experiencias en la vida? _____
Tratándose de esa experiencia, ¿qué ha notado como su debilidad más
obvia? _____

_____

Explique. _____

6. Al correr de los años, ¿por qué cosa la han felicitado? _____
Explique. _____

7. Si hace cinco años hubiera heredado un millón de dólares, libres de impuestos, ¿cómo cree que hubiera fomentado el reino de Dios en la tierra?

_____

_____

8. En el transcurso de los años, ¿qué es lo que Dios la ha estado impulsando a hacer para cumplir con gozo los propósitos de él para su vida?

_____

9. ¿Ha dado un vistazo a su siguiente propósito? _____
Si así es, ¿qué es lo que vio?_____

_____

Iniciadores de conversación acerca de vistazos al futuro:

- ¿Cómo contestó a las nueve preguntas?
- No todo lo que ocurre en la niñez, o incluso en la adultez, es un vistazo al futuro, y no queremos forzar algunas conclusiones. Ciertas cosas son sencillamente circunstancias de la vida. Dicho esto, ¿cuál de sus respuestas puede ser un elemento de un vistazo al futuro?
- ¿Cree que sería más difícil si tuviera un vistazo preliminar de una de sus más grandes asignaciones o si no supiera nada?

Para terminar

DIARIO DE ORACIÓN:

Al mencionar sus peticiones y agradecimientos, ponga al día su diario de oración en las páginas **136-137**.

CIERREN SU TIEMPO JUNTAS EN CONVERSACIÓN CON DIOS:

Amado Dios, te pedimos que podamos vivir el resto de nuestros días sirviendo gozosa y humildemente a los que amas, tanto en nuestra iglesia como fuera de sus puertas. Y pedimos una mayor medida de tu gracia, porque queremos servirte bien en nuestro campo misionero, hasta dar el último suspiro. Nada sería un mayor honor que proclamar el mensaje que nos enviaste al mundo a anunciar. También pedimos que bendigas lo que estás poniendo en nuestro corazón para hacer por ti y con tu ayuda. Te pedimos que hoy nos reveles nuestras visiones centradas en Dios, ¡con o sin vistazos del futuro! Te lo pedimos en el nombre de Jesús. Amén.

ANTES DE LA SIGUIENTE CONVERSACIÓN:

- Piensen en cómo usted y su Compañera de Propósito pudieran disfrutar de unas cuantas horas de paseo juntas durante la Conversación #7: *Una pausa para reír.* La decisión de tener un día de aventura es de ustedes. (Vea la página **48** para sugerencias.) Sin importar lo que se corresponda con sus gustos, así fuera buscar su fragancia de perfume favorito u oler rosas en un jardín, planeen decidir los detalles de su paseo durante la Conversación #6.
- Lea el capítulo y complete los ejercicios para la Conversación #6.
- Ore diligentemente por las peticiones de su Compañera de Propósito, así como también por las suyas propias. Pase tiempo durante la semana alabando a Dios por todo lo que es él y por todo lo que ha hecho por ambas. No dude pedirle que la ayude con las «preguntas difíciles» y que esté presente en la siguiente conversación.

Conversación #6

RESPUESTAS A PREGUNTAS DIFÍCILES

Inicien su tiempo juntas en conversación con Dios: *Amado Dios, pedimos hoy que tu verdad nos guíe al intentar contestar algunas preguntas difíciles. Sabemos que eres el único que puede alumbrar nuestras respuestas humanas e inspirarnos a descubrir tu punto de vista. Te lo pedimos en el nombre de Jesús. Amén.*

Tiempo ameno: Conversen acerca de cosas favoritas: un libro, un concierto, una obra de teatro, una película o un programa de televisión.

CONVERSACIÓN OPCIONAL
¿QUÉ MALA COSTUMBRE QUISIERA DEJAR?

Examíname, oh Dios, y sondea mi corazón; ponme a prueba y sondea mis pensamientos. Fíjate si voy por mal camino, y guíame por el camino eterno.
(Salmo 139:23–24)

Peggy Campolo ha estado casada con Tony durante casi medio siglo. Ha hecho la corrección de estilo en treinta de sus libros y siempre ha apoyado con entusiasmo su ministerio y llamado misionero. En su vida profesional ha trabajado como maestra escolar del primer grado, en relaciones públicas, y como corredora de inmuebles. Como madre dedicó todo su tiempo a la crianza de su hija y su hijo, y ahora disfruta de cuatro nietos, además de dedicarse a la escritura y a dar conferencias acerca de la gracia y el amor de Jesucristo. Su auditorio preferido y sus protegidos son aquellos que nunca se han sentido amados, que no han sido aceptados por los demás hijos de Dios, o que no han sido bienvenidos en la iglesia.

Peggy dice que durante mucho tiempo reaccionaba sobre la base de lo que le decía la gente o recurría a lo que siempre había pensado. Pero ha aprendido a dejar que el Espíritu Santo guíe sus pensamientos y acciones. Ahora ella dice: «Cuando uno se atasca en un patrón negativo de conducta, hay que dar un enorme paso de fe para asirse del Espíritu Santo y hacer su mayor esfuerzo para seguir la dirección de Dios, saliendo de este patrón que parece ser labrado en piedra. No siga la corriente hacia los hábitos de la vida, escójalos con sabiduría».

Vale la pena conversarlo: ¿Qué patrón negativo de su vida le gustaría interrumpir?

EL ÚNICO EJERCICIO DEL DÍA: TREINTA PREGUNTAS DIFÍCILES

Escriba sus respuestas sin analizarlas demasiado .

1. ¿Cómo reacciona ante las críticas? ¿Por qué cree que reacciona de esa forma?_____
   _____

2. ¿Quién es usted?
   Soy_____
   No soy_____

3. ¿Se está volviendo ociosa o demasiado cómoda? ¿Por qué dice eso?
   _____

4. ¿Suele pedir lo que desea? ¿Por qué sí o por qué no? _____
   _____

5. ¿Tiene un sentido de paz y tranquilidad? Si así es, ¿cómo alimenta esa paz? Si no, ¿por qué no tiene tranquilidad?_____
   _____

6. ¿Qué es lo que más necesita oír? ¿Hay alguien que se lo dice?_____
_____

7. ¿Está usted demasiado atareada? Si así es, ¿qué pasos puede dar para cambiar eso? Si no, ¿cómo mantiene el equilibrio?_____
_____

8. ¿Por qué está a la defensiva? ¿Qué probabilidades hay de que ocurra lo que imagina?_____
_____

9. Si haría lo que verdaderamente anhela hacer, ¿quién trataría de disuadirla y por qué?_____
_____

10. ¿Quién era o quién es un antagonista, un villano, un enemigo o un mal hombre en su vida? ¿Ha permitido que esa persona controle sus contribuciones al reino de Dios?_____
_____

11. ¿Donde está su influencia? En otras palabras, ¿qué sabe, tiene, posee o representa que le da una ventaja que otras personas no tienen?_____
_____

12. ¿Qué pecado tiene necesidad de confesar? (Está bien si quiere escribirlo en clave. ¡Dios sabe descifrar!) _____
_____

13. ¿Siente que está siguiendo su destino o que está deambulando por la vida? ¿Por qué?_____
_____

14. ¿Con qué ha contribuido a su iglesia o a su comunidad?

Iglesia: _____

Comunidad: _____

15. ¿Qué quisiera que escribieran en su lápida? (A continuación hay algunas posibilidades.) Escriba su epitafio en la línea que sigue:

Amiga fiel   Marcó una diferencia
Compartió sus descubrimientos   Mujer compasiva
Consejera confiable   Mujer con fuego en el alma
Esposa devota   Mujer que arriesgó todo
Fiel hasta el fin   Sierva de Dios

Su epitafio:

_____

16. ¿Cómo puede producir un impacto en el mundo que conoce hoy?

_____

17. Si no hubiera Dios, cielo, ni infierno, ¿qué haría con el resto de su vida?_____

_____

_____

18. ¿Qué tarea difícil tiene necesidad de llevar a cabo? ¿Está dispuesta a cumplirla aunque sienta temor? Si no, ¿por qué no?_____

_____

19. ¿Hay algo que está haciendo y que debería abandonar? Si así es, ¿de qué se trata?_____

_____

20. Si pudiera escoger que se cumpla un deseo, ¿cuál sería?_____

_____

21. ¿Cumple de corazón sus proyectos actuales, o no tiene inspiración? Explique._____

22. ¿Qué ideas le gustan tanto que la pueden prevenir de ver con claridad la verdad?_____
_____

23. ¿Cuál es la decisión más difícil que ha tenido que tomar?_____
_____

24. ¿Qué es lo que su conciencia le está dictando que haga y que usted ha estado ignorando? _____
_____

25. ¿Cuál es su propósito (el principal rol, así fuera en su familia, en la carrera o en el ministerio) en esta temporada de su vida?_____
_____

26. ¿Qué está tratando de encontrar? ¿Espera encontrarlo?_____
_____

27. Cuando mira la historia de su vida, ¿en qué punto diría que comenzó un nuevo capítulo?_____
_____

28. Si pudiera componer algo que está en la actualidad roto en su vida, ¿qué sería y qué haría para corregirlo?_____
_____

29. ¿Qué cosa está tratando de captar su atención?_____
_____

30. ¿Dónde ha estado? ¿A dónde quisiera ir? (Hay muchas interpretaciones a esta pregunta... escoja usted.)_____
_____

Iniciadores de conversación acerca de las treinta preguntas difíciles:

• Analicen sus respuestas a las treinta preguntas difíciles.

• ¿Qué respuestas la sorprendieron, la preocuparon o la confundieron?

• Con relación a los recuerdos y las emociones que en este momento están pasando por su mente, si tuviera la oportunidad de revivir una parte de su vida, ¿cuál sería?

¿Qué comprensión o qué preguntas ha suscitado este ejercicio?

Para terminar

DIARIO DE ORACIÓN:

Al mencionar sus peticiones y agradecimientos, ponga al día su diario de oración en las páginas **136-137**.

CIERREN SU TIEMPO JUNTAS EN CONVERSACIÓN CON DIOS:

Amado Dios, gracias por ser un verdadero amigo y por alentarnos durante esta charla. No fue fácil contestar estas preguntas, pero ambas estamos ansiosas de ver más autenticidad en nuestra vida. No queremos vivir sin ti. Te lo pedimos en el nombre de Jesús. Amén.

ANTES DE LA SIGUIENTE CONVERSACIÓN:

• Llame a su Compañera de Propósito para reconfirmar todos los detalles de su día de diversión: ¿cuándo será?, ¿a qué hora?, ¿quién va a conducir?, etc. Asegúrense de tener los números de teléfono de la casa y del celular de la otra para el caso de alguna emergencia de último minuto que les impida encontrarse.

• Ya que la Conversación #7 es un día de diversión, no olviden prepararse más adelante para la Conversación #8, leyendo el capítulo y completando los ejercicios.

• Ore diligentemente por las peticiones de su Compañera de Propósito, así como también por las suyas propias. Pase un tiempo durante la semana alabando a Dios por todo lo que es él y por todo lo que ha hecho por ambas. Invite al Señor a unírseles cuando usted y su Compañera de Propósito salgan a reír y gozarse juntas.

Conversación #7

UNA PAUSA PARA REÍR

Antes de prepararse para las tres últimas citas tiene un día oficial en el que no procesará ninguna información para ir a divertirse con su Compañera de Propósito. De ninguna manera deben conversar acerca del propósito de la vida durante este paseo. El objetivo es que se rían y disfruten de la mutua compañía. No se olviden de orar al comenzar y al terminar esta aventura.

ALGUNAS PREGUNTAS PARA PENSAR DURANTE ESTA SEMANA

- ¿Con qué frecuencia suele jugar o divertirse?
- ¿Qué le dice esa respuesta acerca de sí misma?
- ¿Qué le dice acerca de la importancia de relajarse la inclusión de una pausa para reír en este libro sobre el propósito para la vida? (Sugerencias: darnos un momento de calma, disfrutar de la jornada.)

ANTES DE LA SIGUIENTE CONVERSACIÓN:

- Lea el capítulo y complete los ejercicios para la Conversación #8. Ya que es más complicada que la preparación anterior y mucho más crucial para ver todo el cuadro, dedique el tiempo necesario: por lo menos una hora.
- Ore diligentemente por las peticiones anteriores o actuales de su Compañera de Propósito, así como también por las suyas propias. Dedique un tiempo durante la semana para alabar a Dios por quién

es y por todo lo que ha hecho por ambas. Pídale que sencillamente cambie sus perspectivas por las de él. Dígale que está lista para hacer cualquier cambio necesario y así cumplir los propósitos de su vida. Luego, manténgase expectante ante lo que él hará antes de la siguiente conversación, durante la misma, y también después de ella.

Tercera parte

Un cuadro *más* amplio

No se amolden al mundo actual, sino sean transformados mediante la renovación de su mente. Así podrán comprobar cuál es la voluntad de Dios, buena, agradable y perfecta.
(Romanos 12:2)

Conversación #8

CÓMO APROVECHAR LA PERSPECTIVA

Inicien su tiempo juntas en conversación con Dios: *Amado Dios, hoy pedimos tu amplia perspectiva. Tendemos a ver las cosas como siempre las hemos visto. Ahora queremos ver nuestra vida como la ves tú, como quisieras que fuera. Amplía nuestra visión mientras analizamos nuestra perspectiva e intentamos cambiarla tanto como sea necesario. Pedimos esto en el nombre de Jesús. Amén.*

Tiempo ameno: Conversen de su primer trabajo, su primer día de clases, o su primera cita romántica.

Repaso rápido: Usted reflexionó sobre varias preguntas la semana pasada; discútalas hoy con su Compañera de Propósito...

- ¿Con qué frecuencia suele jugar o divertirse?

- ¿Qué le dice esa respuesta acerca de sí misma?

- ¿Qué le dice acerca de la importancia de relajarse la inclusión de una pausa para reír en este libro sobre el propósito para la vida?

PRIMER EJERCICIO DEL DÍA

Transfiera algunas de sus respuestas predilectas de las conversaciones #1-5 al gráfico de resumen en las páginas **98-99**. Esto le dará un breve vistazo a su vida mientras analiza su perspectiva con su Compañera de Propósito.

Por ejemplo:

| **Dolor** | _Divorcio_ | _Muerte de mamá_ |
| | _Desempleo_ | _Enfermedad crónica_ |

| **Éxitos** | _Certificación_ | _Presidenta de un comité_ |
| | _Viaje a Europa_ | _Artículo publicado_ |

SUMARIO DE PERSPECTIVA: ¿QUIÉN SOY?

Relaciones
(páginas 26-27) _____ _____

Características
(páginas 29-31) _____ _____

Roles
(páginas 37-38) _____ _____

Valores morales y convicciones _____ _____
(páginas 40-42) _____ _____

Hábitos espirituales
(páginas 43-44) _____ _____

Fortalezas
(páginas 46-47) _____ _____

Motivaciones
(páginas 49-51) _____ _____

Temor
(páginas 53-54)

Dolor
(páginas 54-57)

Pensamiento erróneo
(páginas 59-60)

Inspiración
(páginas 63-65)

Éxitos
(páginas 65-66)

Milagros
(página 68)

Pasiones
(páginas 69-71)

Ministerio y misiones
(páginas 75-76)

Mensaje de vida
(página 78)

El ardiente anhelo del corazón
(páginas 80-81)

Un vistazo al futuro
(páginas 83-85)

**Iniciadores de conversación acerca de quién es usted:**
- Mencionen sus respuestas, posponiendo los comentarios hasta el siguiente ejercicio.
- Conversen acerca de lo que las sorprendió cuando vieron su vida expuesta de esta forma. (No hagan otros comentarios.)

SEGUNDO EJERCICIO DEL DÍA: ANÁLISIS DE SU SUMARIO DE PERSPECTIVA

Dediquen unos minutos a repasar sus respuestas al ejercicio «Treinta preguntas difíciles» en la Conversación #6 (páginas **88-91**). Con esa información fresca en su mente, repase el recuadro «Sumario de perspectiva». No enfoque la atención en los espacios que dejó sin rellenar, ¡o tendrá que escribir «altamente crítica de mí misma» bajo la sección Características! Más bien, disfrute de aquellos que rellenó.

Notará que lo que usted es intrínsecamente —en lo profundo de su ser— no tiene nada que ver con sus atributos externos. Por ejemplo, «cabello precioso» no tuvo gran significado en su sumario, ¿verdad que sí? Por supuesto, usted no es la suma total de su vestuario, de los metros cuadrados de su hogar, de la marca de su auto, del límite de sus tarjetas de crédito, o de los logros de sus hijos. El ser rico o pobre no fue muy importante con relación a otras cosas en la lista de perspectivas, ¿no es cierto? Este gráfico realmente representa quién es usted.

Habrá observado al hacer este ejercicio que no puede cambiar su pasado y que casi todos sus roles ya han sido fijados para esta temporada de su vida, sin embargo, ¿se dio cuenta de que la parte restante de usted *es* cambiable? Al completar el siguiente análisis, trate de no compararse con los demás, ¡porque acaba de demostrar lo única que es! Nadie tiene la misma historia o diseño de la vida que usted. Siempre recuerde esto.

ANÁLISIS DEL SUMARIO DE PERSPECTIVA

1. En su recuadro «Sumario de perspectiva», ponga una estrella en tres puntos que actualmente están yendo bien en su vida. Por ejemplo, algo de lo que se siente muy complacida, que la anima, que ha tocado su corazón, o que ve como un bien valioso. Algo positivo.

2. Encierre en un círculo un punto de su recuadro «Sumario de perspectiva» que no le agrada, pero que casi puede cambiar completamente. En otras palabras, ¿qué parte negativa de su vida quisiera dedicarse a cambiar: una relación, una motivación, algún temor, un motivo de dolor, un pensamiento erróneo u otra cosa?

Ahora, marque o escriba más abajo una declaración específica que describe el aspecto negativo con que está descontenta.

- ☐ Me niego a perdonar algo o a alguien.
- ☐ El pensamiento erróneo me ha tenido abatida porque no sabía que podía borrar viejas formas.
- ☐ No estoy sincronizada, al día, con mis roles actuales en la vida.
- ☐ Me he acostumbrado al maltrato, a la depresión, al mal humor o a la adicción. Es muy complicado cambiar.
- ☐ He permitido que mi dolor me vuelva amargada.
- ☐ Me he olvidado de cómo se sueña apasionadamente.
- ☐ Estoy comprometiendo mis principios, y eso está destrozando mi corazón.
- ☐ Otro: _____

Tiene dos opciones con respecto a lo que ha encerrado en un círculo o lo que ha descrito: Puede decir: «Quizá algún día pueda dedicarme a esto». O puede comprometerse a dar un pequeño paso hoy hacia una solución. Si se ha decidido a dar un paso decisivo hoy, escriba aquí ese paso.

_____

_____

3. Vuelva a leer sus respuestas acerca de sus principios, su buen éxito, sus pasiones, su ministerio y su misión, el mensaje de vida, el ardiente anhelo de su corazón, y el vistazo al futuro. Estos son todos indicadores confiables de lo que usted contribuirá con su vida. Ahora, pregúntese: «Si no tuviera dudas ni temor, ¿cómo podría causar un impacto?»

4. Pregúntese: «¿He estado ignorando la verdad de lo que Dios quiere de mí?» ☐ Sí ☐ No
   Si es que sí, ¿qué es lo que debería estar haciendo o lo que debería ser?

   _____

   _____

   Si es que no, ¿cómo se ha estado preocupando demasiado?

   _____

   _____

5. Al echarle una ojeada a sus respuestas, ¿puede darse cuenta de si alguna vez en el pasado ha sentido que Dios la estaba usando en su servicio? ☐ Sí ☐ No
   Si es que sí, ¿cuándo y cómo?

   _____

   _____

   Si es que no, ¿por qué cree que sea así?

   _____

   _____

6. Sobre la base de lo que ahora sabe, ¿quisiera que Dios la use ahora?
   ☐ Sí ☐ No
   ¿Por qué sí o por qué no? _____

   _____

   _____

7. ¿Cómo quisiera servir al Señor si pudiera escoger cualquier lugar del mundo? _____

_____

_____

8. ¿Cuál piensa que será su labor en la segunda mitad de la vida? _____

_____

_____

Iniciadores de conversación acerca del análisis del «Sumario de perspectiva»:

• ¿Qué escribió? Conversen acerca de sus respuestas.

• Discutan cualquier cosa que hayan comprendido en este ejercicio. ¿En qué pudiera necesitar la dirección de Dios? Anímense en la comprensión de que Dios, en su inmensa sabiduría, sabe exactamente cómo usar toda la información del recuadro de perspectiva para llevar a cabo su obra en la tierra.

TERCER EJERCICIO DEL DÍA: CAMBIE SU PERSPECTIVA

Conteste las preguntas que siguen marcando cualquier punto que se aplique a usted, o escriba su otra respuesta.

CAMBIE SU PERSPECTIVA

1. Salir de la rutina puede cambiar en gran manera su perspectiva. ¿Qué dos cosas divertidas puede hacer para cambiar su perspectiva e interrumpir una costumbre negativa? (Mientras más alegre y humorística sea la respuesta, mejor. No enumere las cosas más serias, como la oración, la lectura bíblica, y prestar oídos a Dios. Ya hemos cubierto eso en detalle en el libro *Camino hacia el propósito para mujeres*, y aquí se dan por sentado.)

☐ Comer primero el postre cuando vaya a un restaurante

☐ Comprar en otro negocio

☐ Ducharme con pijamas (solo porque quiero hacerlo)

☐ Ir a un balneario con aguas termales

☐ Ocupar otro puesto cuando me siente a la mesa

☐ Subir las escaleras de espalda

☐ Usar el reloj en la otra muñeca

☐ Visitar un basurero

☐ Otro: _____

2. Después de la Conversación #1 de esta jornada, ¿qué nuevas perspectivas ha desarrollado?

☐ Es tiempo de que sirva por amor, no por obligación

☐ La gratificación instantánea es la gran enfermedad de nuestro tiempo

☐ Las relaciones son uno de los más hermosos dones de Dios

☐ Mi ministerio es importante para Dios

☐ No debo ministrar si no oro en relación con lo que hago

☐ Otro: _____

3. ¿Qué nueva disciplina cultivará?

☐ Dejar de maldecir

☐ Dejar de obsesionarme por las cosas

☐ Dejar las drogas, el alcohol, la nicotina y el comer en exceso

☐ De vez en cuando, evaluar mis principios y convicciones

☐ Tomar medidas para no participar en murmuraciones

☐ Levantarme más temprano para tener un tiempo a solas con Dios

☐ Realizar algún tipo de ejercicio físico

☐ Otro: _____

Iniciadores de conversación acerca de un cambio de perspectiva:

- ¿Qué marcó o escribió? Conversen acerca de sus respuestas.
- Dialoguen sobre lo que piensan que Dios ha estado tratando de decirles durante este ejercicio.

Para terminar

DIARIO DE ORACIÓN:

Al mencionar sus peticiones y agradecimientos, ponga al día su diario de oración en las páginas **136-137**.

CIERREN SU TIEMPO JUNTAS EN CONVERSACIÓN CON DIOS:

Amado Dios, gracias por ser una parte importante en nuestro análisis de hoy. Tu clara perspectiva significa más para nosotras que cualquier otra cosa. Cambia nuestra perspectiva como creas conveniente. Las cosas están comenzando a tener sentido según tus planes. Mantennos en el camino recto, para que sigamos tu voluntad para nuestra vida. Te lo pedimos en el nombre de Jesús. Amén.

ANTES DE LA SIGUIENTE CONVERSACIÓN

- Lea el capítulo y complete los ejercicios para la Conversación #9.
- Ore diligentemente por las peticiones de su Compañera de Propósito, así como también por las suyas propias. Pase un tiempo durante la semana alabando a Dios por todo lo que es él y por todo lo que ha hecho por ambas. Ore decididamente para estar dispuesta a entregar al Señor cualquier cosa que pida de usted en su siguiente tiempo de preparación o en la conversación.

LA ENTREGA

Inicien su tiempo juntas en conversación con Dios: *Amado Dios, hoy pedimos tu dirección en el área de nuestra entrega a ti. Sabemos que no será un tema sencillo, de modo que queremos pedir que nos des tu paz, que sobrepasa todo entendimiento, al tomar algunas decisiones difíciles con relación a someternos a tu voluntad, tus caminos, y tus propósitos para nuestra vida. Te lo pedimos en el nombre de Jesús. Amén.*

Tiempo ameno: Refieran experiencias que hayan tenido en unas vacaciones o en un paseo.

ÚNICO TEMA DEL DÍA: LA ENTREGA

Entregar es tener la buena voluntad de darle algo a Dios y confiarlo a su cuidado. Quiere decir que usted está preparada para agitar la bandera blanca, soltando el control como soberana de ciertas partes de su universo con la plena convicción de que Dios hará un mejor trabajo. Es el reconocimiento de que usted solo es administradora de todo lo que le ha pedido que supervise aquí en la tierra. Entregar su vida a Dios es la llave para consumar los propósitos del Señor y cumplir su plan para usted.

El ejercicio de hoy es entre Dios y usted. La función de su Compañera de Propósito será animarla, no juzgarla. Marque cualquier aspecto de su vida que ya haya entregado a Dios o que está lista para entregar ahora, o escriba su otra respuesta. Tenga la bondad de orar antes de tomar cualquier decisión, porque Dios realmente tomará lo que usted le entrega. Este proceso de pensamientos en oración se llama «considerar el precio» y no tiene la intención de ponerla temerosa, sino de que esté conciente.

INVENTARIO DE LO QUE DEBO ENTREGAR

Vida personal

Finanzas:
- ☐ Tarjetas de crédito
- ☐ Presupuesto
- ☐ Necesidades
- ☐ Margen financiero
- ☐ Fondo para la educación
- ☐ Hogar (casa, apartamento, habitación)
- ☐ Ganancias
- ☐ Gastos
- ☐ Deseos
- ☐ Ahorros
- ☐ Oportunidades de viajar
- ☐ Deudas
- ☐ Vehículo(s)
- ☐ Posesiones
- ☐ Ahorros para la jubilación
- ☐ Otro: _____
- ☐ Otro: _____

Social/relacional:
- ☐ Corazón
- ☐ Reputación
- ☐ Pasatiempos
- ☐ Sistema de apoyo
- ☐ Maestros
- ☐ Relaciones poco saludables
- ☐ Incapacidad de reír, jugar y relajarme
- ☐ Mejores amigos
- ☐ Fama
- ☐ Mentores
- ☐ Compañera confidente
- ☐ Espíritu contencioso
- ☐ Héroes
- ☐ Vulnerabilidad
- ☐ Popularidad
- ☐ Protegidos
- ☐ Vecinos
- ☐ Agresividad pasiva
- ☐ Falta de autenticidad
- ☐ Relaciones saludables, que valoro
- ☐ Otro: _____
- ☐ Otro: _____

Mental:
- ☐ Mente/voluntad
- ☐ Injusticias
- ☐ Talentos
- ☐ Fracasos
- ☐ Perfeccionismo
- ☐ Habilidades
- ☐ Conflictos
- ☐ Ideas/creatividad
- ☐ Mentalidad de víctima
- ☐ Control/manipulación
- ☐ Las más preciadas excusas
- ☐ Éxitos/realizaciones
- ☐ Libros, revistas y películas inapropiados
- ☐ Experiencias de la vida, sea positivas o sea negativas

- ☐ Títulos/educación (teológico, secular, ocupacional)
- ☐ Métodos favoritos de detrimento personal (negligencia, desconfianza de uno mismo, comparaciones)

Físico:
- ☐ Cuerpo
- ☐ Habilidades
- ☐ Obesidad
- ☐ Imagen
- ☐ Accidente
- ☐ Mediocridad
- ☐ Abuso (físico o sexual)

Emocional:
- ☐ Gozo
- ☐ Desesperación/ dolor/ tristeza
- ☐ Inhibición
- ☐ Temor
- ☐ Vergüenza
- ☐ Recuerdos (felices/tristes)
- ☐ Prejuicios
- ☐ Todos los sentimientos

- ☐ Poder personal
- ☐ Perspectiva
- ☐ Santurronería
- ☐ Motivaciones impuras
- ☐ Temperamento/ disposición
- ☐ Esperanzas, sueños, anhelos

- ☐ Salud
- ☐ Seguridad
- ☐ Hormonas
- ☐ Discapacidad
- ☐ Sanidad
- ☐ Deportes
- ☐ Nivel de energía
- ☐ Desordenes en la alimentación

- ☐ Felicidad
- ☐ Enojo desenfrenado
- ☐ Celos
- ☐ Lamentos
- ☐ Preocupación
- ☐ Desprecio por una misma
- ☐ Hipersensibilidad
- ☐ Pasión (saludable/enfermiza)
- ☐ Depresión

- ☐ Recuerdos negativos de la infancia
- ☐ Otro: _____

- ☐ Vanidad
- ☐ Dolor/sufrimiento
- ☐ Medicamentos
- ☐ Ejercicio
- ☐ Otro: _____

- ☐ Odio
- ☐ Desencanto
- ☐ Culpa
- ☐ Frustración
- ☐ Autoestima
- ☐ Ansiedad
- ☐ Otro: _____

Familia

- ☐ Cónyuge
- ☐ Hijos adultos
- ☐ Hermanos
- ☐ Ex esposo
- ☐ Separación
- ☐ Esterilidad
- ☐ Pérdida de un niño por aborto no provocado
- ☐ Herencia
- ☐ Salud mental y física de la familia
- ☐ Salvación/ gozo/entrega de la familia

- ☐ Crisis/tragedia/ enfermedad/muerte
- ☐ Hijos menores
- ☐ Nietos
- ☐ Padres
- ☐ Matrimonio
- ☐ Divorcio
- ☐ Aborto
- ☐ Los hijos dejan el hogar
- ☐ Tradiciones
- ☐ Adolescentes
- ☐ Los suegros
- ☐ Parientes
- ☐ Intimidad

- ☐ Maternidad
- ☐ Adulterio/fornicación
- ☐ Perdón
- ☐ Reuniones
- ☐ Seguridad/finanzas/decisiones de la familia
- ☐ Dinámicas de un hogar formado por dos familias

- ☐ Otro: _____

Crecimiento espiritual y fe

Disciplinas espirituales y prácticas:

- ☐ Ayuno
- ☐ Silencio
- ☐ Estudio de la Biblia
- ☐ Pureza
- ☐ Bautismo
- ☐ Discipulado
- ☐ Tiempo a solas con Dios/oración (alabanza, confesión, gratitud, peticiones)

- ☐ Adoración en privado
- ☐ Registro escrito de las experiencias espirituales
- ☐ Día de reposo
- ☐ Perdón
- ☐ Testimonio
- ☐ Obediencia
- ☐ Memorización de las Escrituras
- ☐ Diezmo

- ☐ Confesión
- ☐ Grupo pequeño
- ☐ Testimonio
- ☐ Confianza

- ☐ Otro: _____

Participación en la iglesia:

- ☐ Adoración pública
- ☐ Ministerio(s)
- ☐ Persecución por causa de las convicciones
- ☐ Dones espirituales
- ☐ Roles de liderazgo
- ☐ Comunión
- ☐ Espíritu de servicio
- ☐ Otro: _____
- ☐ Otro: _____

Pecados y fallas del carácter

- ☐ Pereza
- ☐ Orgullo
- ☐ Mal humor
- ☐ Egoísmo
- ☐ Mentira
- ☐ Impaciencia
- ☐ Ira
- ☐ Insultos
- ☐ Lujuria
- ☐ Perversión sexual
- ☐ Amargura
- ☐ Legalismo
- ☐ Otro: _____
- ☐ Otro: _____

Adicciones y obsesiones:

- ☐ Alcohol
- ☐ Pornografía
- ☐ Compras
- ☐ Televisión
- ☐ Drogas
- ☐ Nicotina
- ☐ Limpieza
- ☐ Sexo
- ☐ Murmuración
- ☐ Comida
- ☐ Otro: _____
- ☐ Otro: _____

Vocación/dedicación

Profesión u ocupación:

- ☐ Jefe
- ☐ Red de trabajo
- ☐ Conceptos
- ☐ Salarios/aumentos
- ☐ Funciones de gerencia
- ☐ Empleados
- ☐ Reconocimientos
- ☐ Proyectos específicos
- ☐ Conjunto de beneficios
- ☐ Organizaciones profesionales
- ☐ Conversaciones estratégicas
- ☐ Plazos
- ☐ Trabajo de equipo
- ☐ Políticas laborales
- ☐ Otro: _____
- ☐ Otro: _____

Estrategias empresariales:

☐ Sueldos
☐ Gastos de capital
☐ Almuerzos de negocios
☐ Contratos

☐ Impuestos trimestrales
☐ Campañas de mercadeo
☐ Ganancias

☐ Préstamos
☐ Empleado conflictivo
☐ Otro: _____
☐ Otro: _____

Campo misionero

☐ Aporte a la comunidad (escuelas, deportes, beneficencia, política, arte, ciencia)
☐ Misiones
☐ Comodidad personal

☐ Disposición a servir localmente o fuera del país
☐ Altruismo
☐ Otro: _____
☐ Otro: _____

Propósito/llamado en la vida

☐ Roles presentes en la vida
☐ Necesidad de realización/significado

☐ Planes futuros de Dios
☐ Ideas preconcebidas
☐ Otro: _____

Múltiples áreas de la vida

☐ Todas las expectativas
☐ Todos los recursos
☐ Todas las oportunidades extraordinarias
☐ Todo el estímulo/reconocimiento
☐ Todas las metas/visiones/sueños
☐ Todas las distracciones

☐ Todas las porciones de tiempo (ocupaciones)
☐ Todas las dinámicas personales/de grupo
☐ ¡TODAS LAS DECISIONES!
☐ Otro: _____
☐ Otro: _____

Por lo tanto, hermanos, tomando en cuenta la misericordia de Dios, les ruego que cada uno de ustedes, en adoración espiritual, ofrezca su cuerpo como sacrificio vivo, santo y agradable a Dios.
(Romanos 12:1)

Haga la siguiente oración si está lista para entregar a Dios una o más cosas de la lista. Dé este paso a su propio ritmo, sin sentirse apurada o presionada a hacerlo.

Hoy, hago la entrega

Amado Dios:

He considerado el precio de entregar las cosas que he marcado en el inventario de arriba. Soy conciente de que literalmente puedes tomar una o más de estas cosas y apartarlas de mi vida. Comprendo que, si lo haces, es mi responsabilidad confiar en ti y obedecerte cada día, cada hora y cada minuto. Sé que estás al tanto de cuán importantes son para mí. Te amo incondicionalmente como mi Señor Todopoderoso.

En el nombre santo de tu Hijo, entrego a ti estas cosas. Amén.

Firma _____ Fecha _____

Siga orando si está lista a entregarlo todo:

Estoy conforme con lo que tú elijas darme o quitarme, ya sea que decidas bendecirme de hoy en adelante o no. Todo lo que tengo te pertenece, de modo que deposito todo en tus manos. Cúbreme con tu gracia para que nunca deje de amarte, aunque...

- pierda todo, hasta mi familia
- viva en extrema pobreza
- nunca llegue a ser exitosa
- me enferme de muerte
- nunca se cumplan mis sueños
- nunca sienta que estoy causando un impacto en el mundo

Voluntariamente, vacío mi vida de todo menos de ti, para que tú me llenes.

Sus iniciales _____

 **Iniciadores de conversación acerca de la entrega:**
• ¿Qué marcó o escribió? Ya que es el único ejercicio de hoy, siéntanse libres de conversar sin prisa acerca de cada una de sus respuestas, sus pensamientos y sus sentimientos.
• Dialoguen sobre algo grande que creen que Dios está intentando decirles a través de este ejercicio.

Para terminar

DIARIO DE ORACIÓN:
Al mencionar sus peticiones y agradecimientos, ponga al día su diario de oración en las páginas **136-137**.

CIERREN SU TIEMPO JUNTAS EN CONVERSACIÓN CON DIOS:
Amado Dios, gracias por lo que nos has revelado hoy acerca de lo que quieres que te entreguemos. Sabes que comenzamos este ejercicio bastante preocupadas. Te agradecemos por tu gracia y paciencia en medio de nuestras dificultades. Te lo pedimos en el nombre de Jesús. Amén.

ANTES DE LA SIGUIENTE CONVERSACIÓN
• Lea el capítulo y complete los ejercicios para la Conversación #10.
• Ore diligentemente por las peticiones de su Compañera de Propósito, así como también por las suyas propias. Pase un tiempo durante la semana alabando a Dios por todo lo que es él y por todo lo que ha hecho por ambas. Haga de esta la semana de más oración, ya que su tiempo de reflexión y la siguiente conversación la llevarán más adelante en el camino de Dios hacia el propósito.

Conversación #10

SIGUIENDO EL CAMINO DE DIOS HACIA EL PROPÓSITO

Inicien su última cita juntas en conversación con Dios:
Amado Dios, hoy te pedimos más fe. Ayúdanos a creer que eres el que dices ser y que sí tienes un plan para nuestra vida. Decimos que creemos, pero cuando se trata de tener una fe que mueve montañas, titubeamos. Señor, ayúdanos a resolver nuestros sentimientos referentes al cumplimiento de nuestros propósitos a través de las varias fases que nos has revelado. Te lo pedimos en el nombre de Jesús. Amén.

Tiempo ameno: Conversen acerca de lo más gracioso, lo más feliz o lo más inesperado que ocurrió este mes.

PRIMER EJERCICIO DEL DÍA: LA FE

En la «galería de la fe» de Hebreos 11 hay una lista de nuestros antecesores fieles. Es un resumen de los hombres y las mujeres del Antiguo Testamento que con toda valentía creyeron en Dios y en sus promesas. Este ejercicio le ayudará a determinar si de veras cree que Dios tiene un admirable plan para su vida. Al leer este pasaje bíblico con su Compañera de Propósito...

- Fíjese en la perseverancia y la persistencia de cada persona a pesar de sus temores o de los peligros que enfrentaron.
- Note el concepto de una tierra prometida, como también de la gran promesa para nosotros de que seremos perfeccionados en la resurrección.

115

- Observe el reconocimiento y las recompensas de Dios (como el hijo que le dio a una pareja anciana, el camino que abrió en el Mar Rojo, la caída de los muros de una ciudad) para aquellos que creyeron en su existencia y confiaron en él.
- Advierta las condiciones extremas, tales como un arca construida lejos del mar e imposible de transportar, un hombre que se abstuvo de las riquezas de Egipto, y personas torturadas por su fe... ¡que llegaron al punto de rehusar ser puestos en libertad!

CATORCE PRINCIPIOS DE LA VIDA DE FE
(Hebreos 11:1-40)

Conteste las preguntas relacionadas con los catorce conceptos siguientes:

Uno: Tenga una fe ilógica en que Dios puede hacer algo de la nada.
¹ *Ahora bien, la fe es la garantía de lo que se espera, la certeza de lo que no se ve.* ² *Gracias a ella fueron aprobados los antiguos.* ³ *Por la fe entendemos que el universo fue formado por la palabra de Dios, de modo que lo visible no provino de lo que se ve.*

¿Está plenamente convencida de que Dios puede crear de la nada eso que usted anhela y espera?

☐ Sí. ¿Por qué? _____

☐ No. ¿Por qué no? _____

Pensamiento de reflexión: El universo obedeció la palabra de Dios. (v. 3)

Dos: Tenga la fe abnegada que agrada a Dios.

⁴ *Por la fe Abel ofreció a Dios un sacrificio más aceptable que el de Caín, por lo cual recibió testimonio de ser justo, pues Dios aceptó su ofrenda. Y por la fe Abel, a pesar de estar muerto, habla todavía.* ⁵ *Por la fe Enoc fue sacado de este mundo sin experimentar la*

muerte; *no fue hallado porque Dios se lo llevó, pero antes de ser llevado recibió testimonio de haber agradado a Dios.*

¿Cree usted que el sacrificio de su vida será aceptable a Dios y que recibirá testimonio de haber agradado al Señor?

- ☐ Sí. ¿Por qué? _____
- ☐ No. ¿Por qué no? _____

Pensamiento de reflexión: ¿Qué dirán de usted cuando haya muerto? ¿Qué legado de fe dejará? (v. 4)

Tres: Tenga la fe que confía en que Dios la recompensará por buscarlo.

[6] En realidad, sin fe es imposible agradar a Dios, ya que cualquiera que se acerca a Dios tiene que creer que él existe y que recompensa a quienes lo buscan.

¿Cree usted que Dios existe y que la recompensará por buscarlo de todo corazón?

- ☐ Sí. ¿Por qué? _____
- ☐ No. ¿Por qué no? _____

Pensamiento de reflexión: ¿Cree usted que debe ser recompensada por buscar a Dios? (v. 6)

Cuatro: Tenga la fe de temor reverente que condena la maldad en el mundo.

[7] Por la fe Noé, advertido sobre cosas que aún no se veían, con temor reverente construyó un arca para salvar a su familia. Por esa fe condenó al mundo y llegó a ser heredero de la justicia que viene por la fe.

¿Tiene usted una fe tan firme en Dios que puede expresarle temor reverente aunque el mundo la considere necia?

- ☐ Sí. ¿Por qué? _____
- ☐ No. ¿Por qué no? _____

Pensamiento de reflexión: Noé nunca había visto llover. (v. 7)

Cinco: Tenga una fe obediente en las promesas de Dios para usted.

[8] *Por la fe Abraham, cuando fue llamado para ir a un lugar que más tarde recibiría como herencia, obedeció y salió sin saber a dónde iba.* [9] *Por la fe se radicó como extranjero en la tierra prometida, y habitó en tiendas de campaña con Isaac y Jacob, herederos también de la misma promesa,* [10] *porque esperaba la ciudad de cimientos sólidos, de la cual Dios es arquitecto y constructor.*

¿Cree usted tan firmemente en las promesas de Dios como para obedecerlo e ir adondequiera que le envíe, aunque no le haya dicho con claridad a dónde debe ir?

☐ Sí. ¿Por qué? _____

☐ No. ¿Por qué no? _____

Pensamiento de reflexión: ¿Ha creado usted en su mente una tierra prometida con un arquitecto y constructor que no sea Dios? (v. 10)

Seis: Tenga una fe incommovible en los planes de Dios para su futuro, aunque esté «ya en decadencia».

[11] *Por la fe Abraham, a pesar de su avanzada edad y de que Sara misma era estéril, recibió fuerza para tener hijos, porque consideró fiel al que le había hecho la promesa.* [12] *Así que de este solo hombre, ya en decadencia, nacieron descendientes numerosos como las estrellas del cielo e incontables como la arena a la orilla del mar.*

¿Cree que Dios será fiel a los planes que tiene para su futuro aunque sienta que está «ya en decadencia»?

☐ Sí. ¿Por qué? _____

☐ No. ¿Por qué no? _____

Pensamiento de reflexión: Recuerde la fidelidad de Dios hacia usted en el pasado. (v. 11)

Siete: Tenga la fe anhelante de llegar un día a la patria celestial.

[13] *Todos ellos vivieron por la fe, y murieron sin haber recibido las cosas prometidas; más bien, las reconocieron a lo lejos, y confesaron que eran extranjeros y peregrinos en la tierra.* [14] *Al expresarse así, claramente dieron a entender que andaban en busca de una patria.* [15] *Si hubieran estado pensando en aquella patria de donde habían emigrado, habrían tenido oportunidad de regresar a ella.* [16] *Antes bien, anhelaban una patria mejor, es decir, la celestial. Por lo tanto, Dios no se avergonzó de ser llamado su Dios, y les preparó una ciudad.*

¿Cree usted que verá «una patria mejor», es decir, la celestial?

☐ Sí.   ¿Por qué? _____

☐ No.   ¿Por qué no? _____

Pensamiento de reflexión: Imagine la «patria mejor» que Dios ha preparado para usted. (v. 16)

Ocho: Tenga una fe viva en que sobrevivirá cuando Dios la ponga a prueba.

[17] *Por la fe Abraham, que había recibido las promesas, fue puesto a prueba y ofreció a Isaac, su hijo único,* [18] *a pesar de que Dios le había dicho: «Tu descendencia se establecerá por medio de Isaac.»* [19] *Consideraba Abraham que Dios tiene poder hasta para resucitar a los muertos, y así, en sentido figurado, recobró a Isaac de entre los muertos.*

¿Cree que su fe es lo sufuciente fuerte para soportar la prueba de su confianza en Dios?

☐ Sí.   ¿Por qué? _____

☐ No.   ¿Por qué no? _____

Pensamiento de reflexión: Piense en un plan de Dios ante el que ha pensado darse por vencida. ¿Pudiera Dios levantar su plan para usted de la muerte? (v. 19)

Nueve: Tenga fe y declare en público la visión que Dios le da.

²⁰ Por la fe Isaac bendijo a Jacob y a Esaú, previendo lo que les esperaba en el futuro. ²¹ Por la fe Jacob, cuando estaba a punto de morir, bendijo a cada uno de los hijos de José, y adoró apoyándose en la punta de su bastón. ²² Por la fe José, al fin de su vida, se refirió a la salida de los israelitas de Egipto y dio instrucciones acerca de sus restos mortales.

¿Menciona usted lo que Dios le ha revelado y quiere que cuente a los demás?

☐ Sí.   ¿Por qué? _____

☐ No.   ¿Por qué no? _____

Pensamiento de reflexión: ¿Cómo cree que será ser testigo de la fidelidad de Dios cuando se acerque el fin? (v. 22)

Diez: Tenga una fe intrépida que la lleve a experimentar milagros.

²³ Por la fe Moisés, recién nacido, fue escondido por sus padres durante tres meses, porque vieron que era un niño precioso, y no tuvieron miedo del edicto del rey.

¿Tiene usted una fe tan firme que no teme quién o qué pudiera tratar de impedir que haga la voluntad de Dios?

☐ Sí.   ¿Por qué? _____

☐No.   ¿Por qué no? _____

Pensamiento de reflexión: Si los padres de Moisés se hubieran dejado vencer por el temor, Moisés sin duda hubiera muerto como resultado del edicto del rey.

Once: Tenga una fe perseverante en el Dios invisible.

[24] *Por la fe Moisés, ya adulto, renunció a ser llamado hijo de la hija del faraón.* [25] *Prefirió ser maltratado con el pueblo de Dios a disfrutar de los efímeros placeres del pecado.* [26] *Consideró que el oprobio por causa del Mesías era una mayor riqueza que los tesoros de Egipto, porque tenía la mirada puesta en la recompensa.* [27] *Por la fe salió de Egipto sin tenerle miedo a la ira del rey, pues se mantuvo firme como si estuviera viendo al Invisible.* [28] *Por la fe celebró la Pascua y el rociamiento de la sangre, para que el exterminador de los primogénitos no tocara a los de Israel.*

¿Cree usted en el Invisible?

☐ Sí. ¿Por qué? _____

☐ No. ¿Por qué no? _____

Pensamiento de reflexión: ¿Qué la lleva a perseverar? ¿Es porque ve al Invisible? (v. 27)

Doce: Tenga la fe triunfante que saca fuerzas de la flaqueza.

[29] *Por la fe el pueblo cruzó el Mar Rojo como por tierra seca; pero cuando los egipcios intentaron cruzarlo, se ahogaron.* [30] *Por la fe cayeron las murallas de Jericó, después de haber marchado el pueblo siete días a su alrededor.* [31] *Por la fe la prostituta Rajab no murió junto con los desobedientes, pues había recibido en paz a los espías.* [32] *¿Qué más voy a decir? Me faltaría tiempo para hablar de Gedeón, Barac, Sansón, Jefté, David, Samuel y los profetas,* [33] *los cuales por la fe conquistaron reinos, hicieron justicia y alcanzaron lo prometido; cerraron bocas de leones,* [34] *apagaron la furia de las llamas y escaparon del filo de la espada; sacaron fuerzas de flaqueza; se mostraron valientes en la guerra y pusieron en fuga a ejércitos extranjeros.* [35] *Hubo mujeres que por la resurrección recobraron a sus muertos. Otros, en cambio, fueron muertos a golpes, pues para alcanzar una mejor resurrección no aceptaron que los pusieran en libertad.*

¿Cree usted que experimentará la magnitud del poder de Dios al seguir el plan que tiene para su vida?

☐ Sí.　¿Por qué? _____

☐ No.　¿Por qué no? _____

Pensamiento de reflexión: Imagine por un momento que es un egipcio ahogándose en el Mar Rojo debido a la falta de fe (v. 29), y luego imagine ser Daniel, que por la fe cierra la boca de los leones (v. 33).

Trece: Tenga una fe en la resurrección que soporta la persecución.

> [36] *Otros sufrieron la prueba de burlas y azotes, e incluso de cadenas y cárceles.* [37] *Fueron apedreados, aserrados por la mitad, asesinados a filo de espada. Anduvieron fugitivos de aquí para allá, cubiertos de pieles de oveja y de cabra, pasando necesidades, afligidos y maltratados.* [38] *¡El mundo no merecía gente así! Anduvieron sin rumbo por desiertos y montañas, por cuevas y cavernas.*

¿Tiene usted una fe en Dios tan firme que pudiera soportar la persecución y estar dispuesta a morir por su fe?

☐ Sí.　¿Por qué? _____

☐ No.　¿Por qué no? _____

Pensamiento de reflexión: ¿Cuál es el peor sufrimiento físico o emocional que ha soportado debido a su fe en Dios? Si no ha sufrido por la fe, recuerde alguna vez cuando se golpeó el dedo gordo del pie, cuando se martilló un dedo, o cuando de alguna otra manera se hirió físicamente. ¿Estaría dispuesta a experimentar voluntariamente el dolor o la muerte debido a su fe? (vv. 35-38)

Catorce: Tenga una fe eterna que confía en que juntamente con todos los santos verá el cumplimiento de la promesa.

> [39] *Aunque todos obtuvieron un testimonio favorable mediante la fe, ninguno de ellos vio el cumplimiento de la promesa.* [40] *Esto sucedió para que ellos no llegaran a la meta sin nosotros, pues Dios nos había preparado algo mejor.*

¿Cree usted que verá el cumplimiento de la promesa juntamente con todos los santos por toda la eternidad?

☐ Sí.   ¿Por qué? _____

☐ No.   ¿Por qué no?_____

Pensamiento de reflexión: El «algo mejor» que Dios ha preparado para usted incluye reunirse con los que fueron perseguidos por su fe en Dios. ¿Qué les dirá o qué les preguntará cuando se encuentren en el cielo? (v. 40)

Vuelva a leer este ejercicio después de uno o dos días y refelxione en sus respuestas. No dude en cambiar una respuesta o agregar algo.

Iniciadores de conversación acerca de la fe:

• Compartan sus respuestas y hagan cualquier comentario acerca de principios y preguntas individuales.

• Conversen acerca de cualquier comprensión de sus habilidades o falta de habilidad para confiar en Dios y creer que tiene un plan para la vida de ustedes. ¿En qué área necesita más que Dios aumente su fe?

SEGUNDO EJERCICIO DEL DÍA: SENTIMIENTOS QUE PUEDE TENER AL COMENZAR

No siempre es fácil seguir la senda de la fe para discernir sus propósitos y creer cuando todo parece imposible. En realidad, puede tener sentimientos que la sorprendan. En el ejercicio que sigue, marque cualquiera de los siguientes sentimientos que haya tenido en su jornada hacia el propósito, o escriba su otra respuesta.

SENTIMIENTOS QUE PODRÍA TENER AL COMENZAR

Sentimientos negativos

☐ Esto es una locura
☐ No puedo
☐ Es muy difícil
☐ No tengo tiempo
☐ Señor, ¿por qué yo?
☐ Cambié de planes
☐ No es esto lo que quería
☐ No puedo creer que me metí en este lío
☐ Estoy agotada
☐ Dios, me diste toda esta responsabilidad y me has dejado sola
☐ Necesito ayuda
☐ No puedo hacerlo todo
☐ Me doy por vencida
☐ Señor, prometiste que me darías lo que necesitara

☐ Me siento sola
☐ Me duele la cabeza
☐ Voy a morir
☐ No, Señor, por favor.
☐ ¿Por qué tuve que pedir esto?
☐ No quiero problemas ahora, por favor
☐ Señor, siempre he creído que abres puertas y quitas obstáculos
☐ No puedo respirar
☐ Señor, no te oigo

Sentimientos positivos

☐ Señor, gracias porque puedo servirte
☐ Esto es entretenido
☐ ¡Qué aventura!
☐ Esto es lo que me gusta
☐ Nací para esto
☐ Qué emocionante
☐ Esto me queda como guante
☐ Qué emocionante
☐ Estoy en sintonía
☐ Esto es maravilloso
☐ Podría pasar todo el día (la noche) en esto
☐ El tiempo vuela
☐ Cómo hubiera querido no haber perdido mi tiempo en pequeñeces
☐ Dame más trabajo, Señor
☐ Estoy lista
☐ No tengo idea de qué hora es
☐ Gracias por este privilegio
☐ Esta soy yo. Así soy.
☐ Finalmente me siento feliz
☐ Así debe ser la vida
☐ No podría ser mejor
☐ Me voy a dejar llevar por la corriente
☐ Nunca me he sentido más realizada

☐ No puedo seguir en la incerti-
dumbre, sin saber qué hacer

☐ Señor, ¿por qué no me inspiras?

☐ Otro: _____

☐ Otro: _____

☐ Nunca he sentido tanta paz

☐ Ya tengo un lugar al que perte-
nezco

☐ Otro: _____

☐ Otro: _____

Iniciadores de conversación acerca de los sentimientos que pueda tener:

• Compartan sus respuestas.

• ¿Qué la sorprendió de sus respuestas o la iluminó sobre las preguntas que tenía?

• Conversen acerca de sus reacciones ante la amplia variedad de sentimientos que pueden llegar a tener cuando llevan a cabo el plan de Dios para sus vidas.

TERCER EJERCICIO DEL DÍA: OCHO FASES DE LA REVELACIÓN DE DIOS

Aunque hay muchos sentimientos implicados en el cumplimiento de los propósitos de su vida, he observado en mi jornada con mujeres que de forma típica hay ocho fases de una revelación de Dios que se desarrolla lentamente. Marque la fase que mejor representa dónde se encuentra en la actualidad. Si se encuentra entre dos fases, ponga una X para marcar ese punto.

OCHO FASES DE LA REVELACIÓN DE DIOS

☐ Llamamiento	Sentimiento vago y apasionado del alma, como una impresión; vistazos del futuro
☐ Esperanza	Leve susurro de oración aceptando el llamado, con la esperanza de haber oído lo cierto
☐ Dudas	Confusión y serias preguntas
☐ Fe	Certeza, revelación, ¡una epifanía! *
☐ Acción	Comienzo de incontables pasos de acción
☐ Espera	Una poderosa prueba de la paciencia
☐ Expectativas	Confianza en el poder milagroso de Dios
☐ Cumplimiento	Precioso cumplimiento de la promesa

* La mayoría de las mujeres no reciben una revelación del cielo como tuvo Saulo antes de convertirse en Pablo. Más bien, reciben vistazos del futuro y luego una epifanía aclaratoria para la que Dios las ha preparado. (En *Camino hacia el propósito para mujeres* vea las páginas **194-196** con relación a esto.)

Iniciadores de conversación acerca de las ocho fases de la revelación de Dios:

• Comparta su respuesta acerca de la fase en que cree estar. Vea si su Compañera de Propósito está de acuerdo con usted.

• Conversen acerca de sus *sentimientos* con respecto a la fase en la que se encuentra actualmente.

• Conversen acerca de lo que necesita *ser* o *hacer* para llegar a la siguiente fase. Puede ser posible que no necesite ser o hacer nada, sino que sea Dios quien deba decidir el siguiente paso. • Puede que él quiera que usted espere el momento perfecto, antes de llevarla a la siguiente fase. Quizá la gente a la que va a enviarla a servir todavía no esté preparada, o sencillamente quiere que disfrute de los roles en los que la ha colocado en este momento.

CUARTO EJERCICIO DEL DÍA: ESTAR LISTAS PARA LA ACCIÓN

He tenido clientes que han meneado la cabeza y protestado en esta encrucijada, cuando llegó el tiempo de hacer algo con toda la información que tenían acerca del propósito de Dios para su vida. Pero, por favor, que no le entre el pánico. Esta puede ser la parte divertida de la aventura... ¡los pasos cortos e iniciales antes de que dé saltos enormes de por vida! O considérelo en esta forma: Por lo menos se está moviendo hacia adelante, lo que puede ser mucho mejor que la monotonía de estar quieta y no avanzar.

Sé que es difícil entrar en acción cuando no se ve el cuadro completo, pero Dios no acostumbra a mostrar el cuadro completo. El Señor quiere que sigamos dependientes de él, aprendiendo a confiar más en él con cada paso. Si está lista para dar algunos pasos de acción, rellene sus respuestas en el siguiente ejercicio; luego fírmelo, escriba la fecha, y pida a su Compañera de Propósito que también lo firme. Después, siga adelante hasta que Dios cambie su dirección. Si no está preparada para dar un paso de acción esta vez, piense en lo que la puede ayudar a cambiar de parecer.

MIS PASOS DE ACCIÓN

Sobre la base de mucha oración, el estímulo de mi Compañera de Propósito, la inspiración del Espíritu Santo, y mi propia lógica dada por Dios, creo que debo andar por el sendero delineado a continuación para seguir con más valentía los propósitos de Dios para mi vida. Con la ayuda del Espíritu Santo y las oraciones de mi Compañera de Propósito, me comprometo a completar estos tres pasos de acción en los tres meses siguientes:

Un gran primer paso: Dentro de un mes, voy a _____

_____

Un firme segundo paso: Dentro de dos meses, voy a _____

_____

Un difícil tercer paso: Dentro de tres meses, voy a _____

_____

Mi firma _____ Fecha _____

La firma de mi Compañera de Propósito _____ Fecha _____

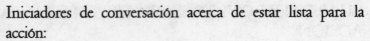

Iniciadores de conversación acerca de estar lista para la acción:

- ¿Qué tres pasos de acción escribió?
- ¿Cuál cree que será el paso mejor recompensado? ¿El más interesante? ¿El más difícil? ¿El más fácil?
- Dialoguen sobre cualquier comprensión acerca de los pasos de acción que sienten que Dios les pide que den. Conversen acerca de un compañerismo en la oración (a través del correo electrónico, cartas, o por teléfono) mientras se preparan para dar los siguientes pasos.

Para terminar... ¡por última vez!

DIARIO DE ORACIÓN:

Al mencionar sus peticiones y agradecimientos, ponga al día su diario de oración en las páginas **136-137**.

CIERREN SU ÚLTIMO TIEMPO JUNTAS EN CONVERSACIÓN CON DIOS:

Amado Dios, queremos seguir tu camino hacia el propósito. Te agradecemos por tu ayuda hoy con esta lección acerca de la fe. Gracias también por ayudarnos a comprender algunos de los sentimientos que rodean el descubrimiento de los propósitos de la vida y algunas de las muchas fases por las que pasamos al cumplir tu visión. Te encomendamos los pasos de acción de hoy y pedimos tu bendición. Gracias por estar con nosotras durante todo este proceso. ¡Qué honor el que tú, el Rey del Universo, te hayas dignado a pasar un tiempo con nosotras. En el nombre de Jesús oramos. Amén.

SUGERENCIAS PARA LAS COMPAÑERAS DE PROPÓSITO

Si usted es una Compañera de Propósito que está adiestrando a otra mujer (¡también llamada *Compañera de Propósito*!), aquí tiene algunos consejos prácticos para que sus conversaciones sean más fructíferas:

- Es buena idea que también tenga un libro de trabajo para que pueda repasar de antemano cada semana, aunque usted misma no haga los ejercicios. Esté preparada para la conversación, al menos por haber leído cada lección de antemano.

- Ore de forma específica y regular por las peticiones de oración que su Compañera de Propósito menciona.

- Ore pidiendo delicadeza, respeto y humildad. El ser mentora de otra mujer a través de conversaciones piadosas es un privilegio que requiere tratarla con gracia y respeto, y también un humilde reconocimiento de que Dios ha elegido trabajar por intermedio suyo.

- Ore para que Dios la use como un agente de cambio en la vida de ella.

- Ore diariamente por esta oportunidad única de servicio y pida estar siempre dispuesta a «vivir la vida juntas» cuando sea apropiado.

- Invite al Espíritu Santo a estar presente en sus reuniones. Pida su sabiduría y discernimiento; pida que usted sepa cuándo es que él habla a través suyo.

- Tenga a mano su Biblia cada semana y refiérase a ella como la máxima verdad. Si tiene una Biblia con índice temático, estudie ese índice para que si fuera necesario pueda buscar temas durante las conversaciones.

- No enseñe ni predique. Dirija a su Compañera de Propósito a ver la verdad. Haga preguntas. Siéntase contenta con ser animadora, mentora, guía o facilitadora.

- Sea paciente con ella y dele tiempo para que termine sus pensamientos. Disminuya el paso de la conversación si ella está luchando con una idea. Igualmente sea paciente con el desarrollo de su carácter, su habilidad de asimilar lo que está aprendiendo y su voluntad de dar el siguiente paso.

- Recuerde que la voluntad de Dios se revela a su tiempo; no exija respuestas de él para su Compañera de Propósito.

- Esté al tanto de gestos intimidantes, peculiaridades y expresiones, tanto de usted como de ella. Por ejemplo, mirar por encima del hombro de alguien puede ser interpretado como señal de superioridad; los brazos cruzados pueden señalar una actitud de mente cerrada; señalar con un dedo puede indicar enojo; hablar rápido sin contacto ocular puede significar culpabilidad; la voz alta puede significar frustración; y la frase «tienes que» a menudo representa control. Si usted nota alguna de estas actitudes, sería buena idea conversar sobre ello (o confesarlo) lo más pronto posible.

- Haga honor a su promesa de confidencialidad, resistiendo siempre la tentación de chismorrear con ella acerca de otras personas o de murmurar la una de la otra. Esta no es una opción.

- Sea auténtica, sea real. No recapacite en cada palabra que pronuncia. Mencione honestamente cosas de su vida.

- Comprométase a la relación. Requerirá esfuerzo de su parte llegar a las citas a tiempo y estar al tanto mientras está allí. Si fuera posible, apague su celular mientras está en la reunión. Siempre termine las citas a la hora prevista.

- Nunca se preocupe. Dios domina la situación. Es responsabilidad de él dirigir los pasos de su Compañera de Propósito. Déjelo hacerlo.

- Sea animadora y afirmativa. Esto producirá un terreno fértil para que germinen los sueños.

- Use el buen humor cuando sea apropiado. Estarán dialogando sobre temas muy serios y necesitarán aligerar la conversación una • y otra vez.

- Sea un conducto del amor de Dios en el tono de su voz, en su inflexión y en su voluntad de decir la verdad en amor. No olvide que Dios le ha manifestado inmensamente su gracia, y que él quiere que usted sea muy comprensiva con su Compañera de Propósito.

- Deje el juicio en manos de Dios. En el momento en que usted se vuelva juez y jurado de su Compañera de Propósito, la perderá emocionalmente. Su rol es el de facilitarle el procesamiento de sus ideas, hacer preguntas, escuchar con atención sus respuestas y darle pequeños impulsos... no juzgarla.

- Examine su vida. Usted no necesita ser perfecta para llevar a cabo esta función de liderazgo, pero diga a Dios que quiere ser un gran ejemplo para su Compañera de Propósito. Pídale que le ayude a confesar sus pecados y arrepentirse durante la relación con ella. Dígale que usted quiere ver en su vida progreso espiritual y desarrollo de carácter.

- Enfatice el perdón. Su Compañera de Propósito puede tener necesidad de perdonarse a sí misma o de perdonar a otra persona. Anímela a hacerlo durante el tiempo que pasen juntas.

- Ponga límites saludables a su relación. No cree dependencia entre usted y su Compañera de Propósito. Pregúntese: *¿Estoy mostrando empatía sin llegar a los extremos? ¿La estoy animando, pero no para manipularla y obtener una reacción favorable?*

- Ayude a su Compañera de Propósito a ver la gran variedad de oportunidades que ella puede explorar. Dicho sea de paso, una mujer que ha sido maltratada, abandonada o rechazada puede necesitar un poco de ayuda extra para que vea su potencial y las posibilidades de Dios.

VIDA NUEVA EN CRISTO

Por eso Dios lo exaltó hasta lo sumo y le otorgó el nombre que está
sobre todo nombre, para que ante el nombre de Jesús se doble toda
rodilla en el cielo y en la tierra y debajo de la tierra, y toda lengua con-
fiese que Jesucristo es el Señor, para gloria de Dios Padre.
(Filipenses 2:9–11)

Durante la lectura de este libro, ¿ha decidido aceptar a Jesús como su Salvador? Si está lista para dar el primer paso hoy en el camino hacia el propósito, esta es una oración sencilla que puede hacer:

> *Jesús, creo que moriste por mí y que Dios te levantó de los*
> *muertos. Te pido que perdones mis pecados. Tú eres mi*
> *Salvador y mi única esperanza. Quiero seguir tu voluntad para*
> *mi vida. Me inclino y confieso que tú, Jesucristo, eres el Señor.*

Si decidió ahora aceptar a Jesús como su Salvador y Señor, tiene la salvación para siempre. Nada puede arrancarla de la mano de Dios. Cuéntele a alguien acerca de su decisión, para que esta persona pueda animarla y agradecer a Dios por su plan lleno de gracia y propósito para la vida suya. Si ha decidido no repetir la oración, la exhorto a marcar esta página y seguir buscando la verdad con una mente y un corazón sinceros. Si necesita ayuda, pídasela a un pastor o a su Compañera de Propósito. Estos son algunos versículos de la Biblia que le recomiendo:

Romanos 3:23	Todos hemos pecado.
Romanos 6:23	La vida eterna es un don gratuito.
Romanos 5:8	Por amor a usted, Jesús ya pagó el precio por sus pecados al morir en la cruz.
Romanos 10:9–10	Si confiesa que Jesús es el Señor, y si le dice a Dios que cree que él lo levantó de los muertos, será salva.
Romanos 10:13	Pida a Dios que la salve por su gracia. ¡Él lo hará!

DIARIO DE ORACIÓN Y ALABANZA

Sienta la libertad de usar esta oración cada día (a solas) para orar por sus peticiones y las de su Compañera de Propósito: *Dios Todopoderoso, humildemente me inclino ante ti como Creador y Rey del Universo, y te alabo por todo lo que has hecho por mí. Me arrepiento de mis pecados y te pido que me transformes en este momento para ser más como tú. Gracias por la comprensión que me has dado hasta ahora durante esta aventura con respecto a la vida con propósito. Te necesito desesperadamente y te pido que me lleves desde donde estoy hoy en mi jornada hacia el propósito hasta donde quieres que esté. Te pido en específico y con expectativa por las peticiones que mi Compañera de Propósito y yo hemos escrito para esta semana. En el nombre de Jesús te lo pido. Amén.*

NOTA: ¿Quisiera comprometerse a orar pidiendo a Dios que le muestre si quiere que usted sea una Compañera de Propósito para otra mujer? ¿Puede imaginar el poder que pudiera desatarse porque usted y otras mujeres comprenden las posibilidades exponenciales que comienzan con una mujer a la vez? Únase a mí en oración por incontables «robles de justicia» que serán plantados para mostrar la gloria del Señor (Isaías 61:3). ¡Una mujer y un roble a la vez!

DIARIO DE ORACIÓN Y ALABANZA
Por mí misma y por mi Compañera de Propósito

	Petición	Respuesta a la oración
Conversación #1		
Conversación #2		
Conversación #3		
Conversación #4		
Conversación #5		

	Petición	Respuesta a la oración
Conversación #6		
Conversación #7		
Conversación #8		
Conversación #9		
Conversación #10		

RECONOCIMIENTOS

Quedo eternamente agradecida a mi hijo Andy, quién preparó mi página en la red y me preguntó constantemente: «Mamá, ¿cómo te está yendo?»

A mi querida nuera Julie, que ha sido una de mis más grandes animadoras, siempre diciendo: «Estoy muy orgullosa de ti».

A mi dulce hija Steph, que preguntaba a diario: «¿Necesitas algo de la tienda? ¿Te puedo traer algo para comer? ¿Puedo hacer esto por ti?»

Y a mi hermana Mo, que se presentaba una vez más a una hora temprana para hacer la corrección.

También quiero agradecer a cada uno de mis profesores catedráticos del Seminario Teológico Bautista Golden Gate, quienes me enseñaron a pensar hermenéuticamente y tuvieron paciencia conmigo cuando yo no la tenía. Debo mucho a Tom Paterson, fundador de Life Planning, que escribió *Living the Life You Were Meant to Live* [Viviendo la vida que debes vivir]. Tom y Doug Slaybaugh, pastor y un amigo, han sido las personas que el Espíritu Santo ha usado para que descubra los propósitos de mi propia vida. Y nunca podré expresar de forma plena mi aprecio al personal de la Iglesia Saddleback, en especial a Judy Thompson, que me amó en días buenos y malos.

Muy humildemente, quiero agradecer a mi agente Nancy Jernigan, cuya visión increíble para la serie *Camino al Propósito* sobrepasó en mucho a la mía; a mi editora, Cindy Hays Lambert, que es marcadamente talentosa como escritora y tremendamente comprensiva como mujer cristiana. Y ningún libro de esta serie hubiera tenido lugar sin el equipo de primera clase de la casa de publicación Zondervan: Greg Clouse, Darwin Arder y Autumn Millar, que me atendieron con su bondad y su pericia.

DISFRUTE DE OTRAS PUBLICACIONES DE EDITORIAL VIDA

Desde 1946, Editorial Vida es fiel amiga del pueblo hispano a través de la mejor literatura evangélica. Editorial Vida publica libros prácticos y de sólidas doctrinas que enriquecen el caudal de conocimiento de sus lectores.

Nuestras Biblias de Estudio poseen características que ayudan al lector a crecer en el conocimiento de las Sagradas Escrituras y a comprenderlas mejor. Vida Nueva es el más completo y actualizado plan de estudio de Escuela Dominical y el mejor recurso educativo en español. Además, nuestra serie de grabaciones de alabanzas y adoración, Vida Music renueva su espíritu y llena su alma de gratitud a Dios.

En las siguientes páginas se describen otras excelentes publicaciones producidas especialmente para usted. Adquiera productos de Editorial Vida en su librería cristiana más cercana.

DEDICADOS A LA EXCELENCIA

Una vida con propósito

Rick Warren, reconocido autor de *Una Iglesia con Propósito*, plantea ahora un nuevo reto al creyente que quiere alcanzar una vida victoriosa. La obra enfoca la edificación del individuo como parte integral del proceso formador del cuerpo de Cristo. Cada ser humano tiene algo que le inspira, motiva o impulsa a actuar a través de su existencia. Y eso es lo que usted podrá descubrir cuando lea las páginas de *Una vida con propósito*.

0-8297-3786-3

Mujeres que hacen demasiado

Mujeres que hacen demasiado enseña a la mujer que hace demasiado la manera de hacer menos pero con eficiencia. Mediante este estudio, la autora, Patricia Sprinkle, le ayudará a determinar para qué la creó Dios, así como también le enseñará a enfocarse en cómo hacerlo. Además, le ofrece algunas pistas para lidiar con las exigencias de la vida diaria, y va-rios ejercicios al final de cada capítulo para reforzar lo aprendido.

0-8297-3659-X

Nos agradaría recibir noticias suyas.
Por favor, envíe sus comentarios sobre este libro
a la dirección que aparece a continuación.
Muchas gracias.

Editorial Vida
7500 NW 25 Street, Suite 239
Miami, Florida 33122

Vidapub.sales@zondervan.com
http://www.editorialvida.com